초 등 국 어

# 한자가
# 어휘력
# 이 4단계 다

## 구성과 특징

# 무엇을 배워요 ?

## 어떤 한자를 배우나요?

기초 한자(8~6급 수준)를 특별히 고안된 선별 기준에 따라 분류하였습니다.
급수 순서가 아닌 아이가 쉽게 받아들일 수 있는 순서로 배치하였습니다.

1. 1~2단계에서 배운 한자의 합자나, 획순이 적고 쉬운 한자
2. 초등학교 3~4학년군의 교과서 어휘에 많은 한자
3. 초등학교 3~4학년 학습자의 일상과 밀접한 한자

## 어떤 어휘를 배우나요?

아이가 집이나 학교에서 한 번쯤은 들어 봤을 만한 단어로 시작합니다.
학습 어휘로 적절하여 단어의 어근만 제시된 경우도 있습니다.
이미 알고 있는 단어 속에 한자가 숨어 있음을 알고,
모르고 있었다면 한자를 통해 그 의미를 짐작할 수 있도록 하였습니다.

1. 초등학교 3~4학년군의 교과서 어휘
2. 초등학교 3~4학년 학습자의 일상과 밀접한 어휘

## 교육과정 초등학교 3~4학년군 성취기준 연계!

모든 지문은 아이의 흥미를 이끌며, 그 내용은 아이가 학교에서 배우는
♥ 초등학교 3~4학년군 성취기준과 연계하였습니다.
친숙한 주제의 글 속에서 아이는, 단어에 숨어 있는 한자의 의미를 떠올릴 수 있습니다.
아이가 낯선 단어를 만나도 포기하지 않고 유추할 수 있도록 하였습니다.

## 차근차근 따라가며 성취감을 얻도록 구성!

1~2단계 교재에서 아이가 한자에 흥미를 느끼고 한자와 많이 친해졌다면,
3~4단계에서는 한자의 모양과 훈(뜻), 음(소리)에 '부수' 정보를 더하였습니다.
흥미를 이끄는 일러스트로 한자의 제자 원리도 알려 줍니다.
국립국어원 <표준국어대사전>과 <한국어기초사전>의 문장을 참고하였습니다.
아이가 주도하여 교재 안팎에서 스스로 학습하는 습관을 들일 수 있습니다.

● **들어가기**

낯선 한자를 보여 주기에 앞서
아이가 이미 알고 있는 단어들을 제시하였습니다.
큰 소리로 단어들을 따라 읽으며
같은 글자가 들어 있음을 느끼도록 합니다.

이렇게
배워요
!

● **1. 같은 글자** 찾기

제시된 단어들의 공통 글자를 쉽게 찾습니다.
그 글자에는 한자가 숨어 있으며
단어들에 공통된 의미가 있음을
아이가 자연스럽게 습득합니다.

● **2. 숨은 한자** 알아보기

앞서 아이가 스스로 찾아낸 한자의 정보를 알려 줍니다.
이를 통해 새로 배우는 한자의 기본 개념을 학습합니다.
문장 단위인 각 단어의 뜻풀이를 통해서
한자가 가지고 있는 의미를 기억합니다.

☆ 자전이 있는 친구들은 부수를 이용하여 한자를 찾아보세요.

● **3. 어휘력**이 쑥쑥

여러 단어들이 하나의 맥락에서 긴 글을 이루고 있습니다.
그중 목표 한자가 숨어 있는 단어를 찾아냅니다.
긴 글에서 맞닥뜨리는 단어의 의미를
스스로 유추하는 힘을 기릅니다.

☆ 국어사전을 활용하세요! 아이가 국어사전과 가까워집니다.

  + 홈페이지에서 활동지 부가자료를 다운로드 하세요.

# 차례

# 30일 / 공부 계획표

| 학교생활 01 | 02 | 03 | 04 | 05 |
|---|---|---|---|---|
| ___월 ___일 | ___월 ___일 | ___월 ___일 | ___월 ___일 | ___월 ___일 |

| 06 | 07 | 08 | 과학 09 | 10 |
|---|---|---|---|---|
| ___월 ___일 | ___월 ___일 | ___월 ___일 | ___월 ___일 | ___월 ___일 |

| 11 | 12 | 13 | 14 | 15 |
|---|---|---|---|---|
| ___월 ___일 | ___월 ___일 | ___월 ___일 | ___월 ___일 | ___월 ___일 |

| 예술 16 | 17 | 18 | 19 | 20 |
|---|---|---|---|---|
| ___월 ___일 | ___월 ___일 | ___월 ___일 | ___월 ___일 | ___월 ___일 |

| 21 | 22 | 사회 23 | 24 | 25 |
|---|---|---|---|---|
| ___월 ___일 | ___월 ___일 | ___월 ___일 | ___월 ___일 | ___월 ___일 |

| 26 | 27 | 28 | 29 | 30 |
|---|---|---|---|---|
| ___월 ___일 | ___월 ___일 | ___월 ___일 | ___월 ___일 | ___월 ___일 |

## ★ 어떻게 공부할까요?

하나, 단순히 답만 체크하며 획획 넘어가지 말고, **모든 단어와 문장 하나하나를 꼼꼼히** 눈으로 읽으며 따라가세요.

둘, **재미있는 놀이처럼** 단어에 숨어 있는 한자의 의미를 짐작해요. 우리 책에서는 한자를 획순대로 쓰는 것에 연연하지 않아도 괜찮아요.

셋, **국어사전에서** 오늘 배운 한자가 들어 있는 단어를 찾아보세요. 내가 제일 좋아하게 될 단어를 발견할 수도 있답니다.

## 들어가며

<초등 국어 한자가 어휘력이다 1~2단계>를 통해 한자와 많이 친해졌나요?
한자는 어려운 것인 줄로만 알았는데,
내가 이미 알고 있던 많은 단어들 속에 숨어 있었지요!

한자의 **모양**을 자세히 들여다보면 그 의미를 알 수 있고,
한글과 달리 한자는 글자 하나에 **뜻**이 담겨 있고,
그 뜻과 **소리**를 이어 이름을 붙였어요.

3~4단계에서는 여기에 **부수** 정보를 더했어요.
'부수(部首)'는 '부하' 할 때 '부'에 '머리 수' 자를 쓰는데요,
우두머리를 만날 때 그 사람을 바로 만나지 않고 그의 부하를 거쳐서 만나지요?

국어사전에서 '출구'라는 단어를 찾을 때 'ㅊ'을 먼저 찾는 것과 마찬가지로,
한자를 찾을 때에도 그 한자를 이루고 있는 일부 글자를 먼저 찾아야 해요.
그 일부 글자가 바로 '부수'이지요.

1단계에서 배웠던 '입 구'가 4단계에서는 부수로 나오는데요, 한번 볼까요?
'입으로 소리를 낸다'는 의미뿐만 아니라 '뻥 뚫린 모양'으로서도 부수가 되었어요.

뻥 뚫린 사람의
입 모양이에요.

어두운 저녁[夕]에는
이름을 불러요[口].

문[門] 앞에 가서
안부를 물어요[口].

건물 안에서는 바람이
창문[口]을 향해요.

입 구 口

이름 명 名

물을 문 問

향할 향 向

우리가 1~2단계에서 배운 한자들이 새로운 한자의 부수가 되어,
그 한자에 어떻게 녹아들었는지 궁금하지 않나요?
<초등 국어 한자가 어휘력이다 4단계>에서는 더 재미있어진 한자를 통해
나의 어휘력을 쑥쑥 키울 수 있어요. 같이 더 나아가 보아요!

# 1단원
# 학교생활

다음 글자를 보고,
떠오르는 단어를 자유롭게 말해 보세요.

# 1. 이름 명

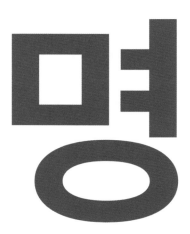

**①** 다음 단어들이 **무슨 뜻인지** 생각해 보세요.

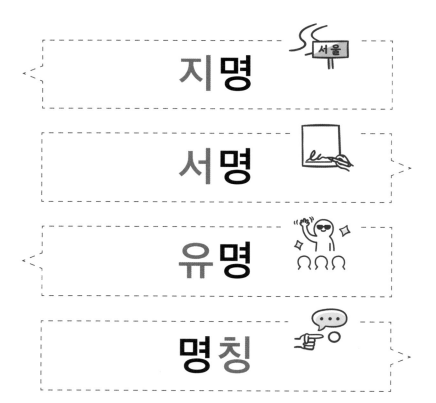

지**명**

서**명**

유**명**

**명**칭

② 모든 단어에
**똑같이 들어 있는 글자**에 ◯ 하세요.

③ 모든 단어 속에
**숨어 있는 공통 한자**에 ◯ 하세요.

| | |
|---|---|
| 지 | 지**名**<br>마을이나 지방, 지역 등의 **이름** |
| 서명 | 서 **名**<br>자기의 **이름**을 써넣음 |
| 유명 | 유 **名**<br>**이름**이 널리 알려져 있음 |
| 명칭 | **名**칭<br>사람이나 사물 등을 가리켜 부르는 **이름** |

공통 글자를 쓰세요.

공통 한자를 따라 쓰세요.

( 모양 )  ( 뜻 )  ( 소리 )

# 名 | 이름 | 명

어두운 저녁[夕]에는
이름을 소리 내어 부르는[口]
모양을 합했어요.

(부수) 名 → 口 (입 구)

**4** 한자의 이름을
따라 쓰세요.

이름 명

이름 명

**5** 단어에 '名(명)'이 숨어 있으면, 그 단어에는 '이름'의 뜻이 들어 있어요.
다음 단어들을 **한글로** 쓴 다음, 옆의 뜻풀이를 읽고 '**名(명)**'의 뜻에 ⬭ 하세요.

| 지名 | 지명 | → | 마을이나 지방, 지역 등의 (이름) |
|---|---|---|---|
| 서名 | | → | 자기의 **이름**을 써넣음 |
| 有名 | | → | **이름**이 널리 알려져 있음 |
| 名칭 | | → | 사람이나 사물 등을 가리켜 부르는 **이름** |

**6** 아래 편지글을 읽고, '名(이름 명)'이 숨어 있는 단어를 찾아볼까요?
굵게 표시된 6개의 단어 중 '**이름**'의 뜻이 있는 **4개의 단어에** ◯ 하세요.

주안아, 오늘 네 이름이 인천에 있는 ◯**지명**과 같다고 내 멋대로 **별명**을 붙이고 자꾸만 불러서 미안해. 우리 고모께서 인천 주안동에 **거주**하시거든. 그래서 너의 예쁜 이름이 친근하게 느껴져서 그랬는데, 그 별명을 듣는 너의 **입장**에서는 미처 생각하지 못했어.

앞으로 너를 놀리지 않을게. 내가 약속은 꼭 지키기로 **유명**하니까 믿어 줘. 편지 아래에 **서명**도 했어.

내일 다시 웃는 얼굴로 보자. 그럼 안녕!

♥ **교육과정 성취기준 3~4학년군** / 4도02-02
친구 사이의 배려에 대한 올바른 이해를 바탕으로
일상생활에서 배려에 기반한 도덕적 관계를 맺을 수 있는 방안을 탐색한다.

오늘 배운 단어 이외에
'名(이름 명)'이 숨어 있는
단어를 생각해 보세요.

# 2. 향할 향

**①** 다음 단어들이 **무슨 뜻인지** 생각해 보세요.

방**향**　←

풍**향**

남**향**집

**향**상

**2** 모든 단어에
**똑같이 들어 있는 글자에** ◌ 하세요.

방

풍향

남향집

향상

공통 글자를 쓰세요.

**3** 모든 단어 속에
**숨어 있는 공통 한자에** ◌ 하세요.

방

어떤 곳을 **향한** 쪽

풍向

바람이 불어오는 **방향**

남向집

남쪽으로 **향하도록** 지은 집

向상

실력, 수준, 기술 등이
위를 **향하여** 더 나아짐

공통 한자를 **따라** 쓰세요.

( 모양 )　　　( 뜻 )　　　( 소리 )

# 向 | 향하다, 방향 | 향

건물 안에서는 바람이 창문[口]으로
향하는 모양이에요.

( 부수 )　向 → 口 (입 구)
뻥 뚫린 '口'의 모양이 부수로 쓰였어요.

**4** **한자의 이름을** 따라 쓰세요.

┌─────────────┐
│　　**향할 향**　　│
│　　향할 향　　│
│　　　　　　　│
└─────────────┘

**5** 단어에 '向(향)'이 숨어 있으면, 그 단어에는 '향하다, 방향'의 뜻이 들어 있어요.
다음 단어들을 **한글로** 쓴 다음, 옆의 뜻풀이를 읽고 **'向(향)'의 뜻에** ◯ 하세요.

| 方**向** | | → | 어떤 곳을 (향한)쪽 |

| 풍**向** | | → | 바람이 불어오는 **방향** |

| 南**向**집 | | → | 남쪽으로 **향하도록** 지은 집 |

| **向**上 | | → | 실력, 수준, 기술 등이 위를 **향하여** 더 나아짐 |

**6** 아래 글을 읽고, '向(향할 향)'이 숨어 있는 단어를 찾아볼까요?
굵게 표시된 6개의 단어 중 '**향하다, 방향**'의 뜻이 있는 **4개의 단어**에 💬 하세요.

오늘 과학 시간에 **나침반**을 구경했는데 아무리 나침반의 위치를 이리저리 바꾸어도 빨간 바늘이 계속 학교 앞 **남향집**들의 반대쪽만 가리켰다.

지구가 하나의 커다란 **자석**이라서 N극인 빨간 바늘이 항상 S극인 북쪽을 가리킨다는 것이다.

요즘은 기술이 **향상**되어 스마트폰으로도 **방향**을 알 수 있어 나침반의 사용은 **하향세**겠지만, 자석으로만 그렇게 바늘이 움직인다는 게 정말 신기했다.

♥ **교육과정 성취기준 3~4학년군** / 4과09-02
자석과 자석을 가까이했을 때 나타나는 현상을 관찰하여 그 특징을 자석의 극과 관련지어 설명할 수 있다.

오늘 배운 단어 이외에 '向(향할 향)'이 숨어 있는 단어를 생각해 보세요.

**1** 다음 단어들이 **무슨 뜻인지** 생각해 보세요.

**동점**　2:2

**동시**

**동호회**

**협동**

**2** 모든 단어에
**똑같이 들어 있는 글자**에 ◯ 하세요.

 동점

동시

동호회

협동

공통 글자를 쓰세요.

**3** 모든 단어 속에
**숨어 있는 공통 한자**에 ◯ 하세요.

 同점

같은 점수

同시

같은 때나 시기

同호회

같은 취미를 가지고
함께 즐기는 사람의 모임

협同

서로 마음과 힘을 **한가지로** 합함

공통 한자를 따라 쓰세요.

모양  뜻  소리

# 同 | 같다, 한가지 | 동

여러 사람들[凡]의 말[口]이
하나로 모이는 모양을 합했어요.

부수  同 → 口 (입 구)

**4** **한자의 이름을** 따라 쓰세요.

한가지 동

한가지 동

---

**5** 단어에 '同(동)'이 숨어 있으면, 그 단어에는 '같다, 한가지'의 뜻이 들어 있어요.
다음 단어들을 **한글로** 쓴 다음, 옆의 뜻풀이를 읽고 **'同(동)'의 뜻에** ⃝ 하세요.

| 同점 | | → (같은) 점수 |
|---|---|---|
| 同시 | | → 같은 때나 시기 |
| 同호회 | | → 같은 취미를 가지고 함께 즐기는 사람의 모임 |
| 협同 | | → 서로 마음과 힘을 한가지로 합함 |

**6** 아래 글을 읽고, '同(한가지 동)'이 숨어 있는 단어를 찾아볼까요?
굵게 표시된 6개의 단어 중 '**같다, 한가지**'의 뜻이 있는 **4개**의 단어에 ◯ 하세요.

오늘 체육 시간에, 수업 시간이 겹치는 6학년 형들과 **단체** 줄넘기 시합을 하기로 했다.

단체 줄넘기는 여러 명이 **동시**에 줄을 뛰어넘는, 그 무엇보다도 **협동**이 중요한 운동인데, 자꾸만 지호의 발이 줄에 걸렸다. 하지만 우린 아무도 지호를 다그치지 않고, 지호의 동작 하나하나를 같이 봐 주며 **격려**했다.

시합은 **동점**으로 끝났지만, **동갑**이 아닌 형들을 상대로 친구들과 함께 해냈다는 게 참 뿌듯했다.

♥ **교육과정 성취기준 3~4학년군** / 4체02-10
다양한 스포츠 환경에 개방적인 태도를 갖고 적극적이고 안전하게 스포츠 활동에 참여한다.

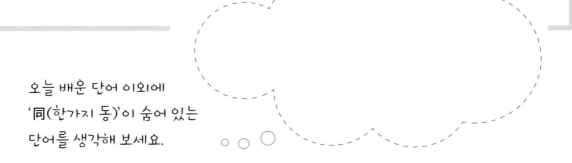

오늘 배운 단어 이외에 '同(한가지 동)'이 숨어 있는 단어를 생각해 보세요.

**1** 다음 단어들이 **무슨 뜻인지** 생각해 보세요.

합창

합주

통합

혼합

**2** 모든 단어에
**똑같이 들어 있는 글자**에 ◯ 하세요.

합창

합주

통합

혼합

공통 글자를 쓰세요.

**3** 모든 단어 속에
**숨어 있는 공통 한자**에 ◯ 하세요.

合창

여러 사람이 목소리를 **합하여**
함께 노래를 부름

合주

두 가지 이상의 악기를 **합하여**
동시에 연주함

통合

둘 이상의 조직이나 기구 등을
하나로 **합함**

혼合

여러 가지를 뒤섞어서 한데 **합함**

공통 한자를 따라 쓰세요.

( 모양 )  ( 뜻 )  ( 소리 )

# 合 | 합하다 | 합

그릇의 뚜껑[스]과 몸통 부분[口]을
하나로 맞추는 모양을 합했어요.

(부수)  合 → 口 (입 구)

**4** **한자의 이름을**
따라 쓰세요.

합할 합

합할 합

**5** 단어에 '合(합)'이 숨어 있으면, 그 단어에는 '합하다'의 뜻이 들어 있어요.
다음 단어들을 **한글로** 쓴 다음, 옆의 뜻풀이를 읽고 **'合(합)'의 뜻에** ◯ 하세요.

| 合창 | | → 여러 사람이 목소리를 (합하여) 함께 노래를 부름 |
| 合주 | | → 두 가지 이상의 악기를 **합하여** 동시에 연주함 |
| 통合 | | → 둘 이상의 조직이나 기구 등을 하나로 **합함** |
| 혼合 | | → 여러 가지를 뒤섞어서 한데 **합함** |

**6** 아래 글을 읽고, '合(합할 합)'이 숨어 있는 단어를 찾아볼까요?
굵게 표시된 6개의 단어 중 '**합하다'의 뜻이 있는 4개의 단어에** ⭕ 하세요.

**음악** 시간에 새로운 노래를 배우는데, 선생님께서 이 노래는 **합창**을 하면 멋지겠다고 하셨다. 친구들과 파트를 나누고 서로 다른 음들을 차곡차곡 쌓으며 부르니, 소리들이 **혼합**되어 정말 아름답게 들렸다.

합창에 맞춰 모두가 각자 가져온 탬버린, 트라이앵글 등을 자유롭게 **연주**하며 **합주**를 이루어 냈다.

우리 반 친구들 모두가 음악으로 **합체**하여 하나의 커다란 악기가 된 것만 같았다.

♥ **교육과정 성취기준 3~4학년군** / 4음01-01
바른 자세와 주법을 익혀 노래 부르거나 악기로 연주한다.

오늘 배운 단어 이외에
'**合**(합할 합)'이 숨어 있는
단어를 생각해 보세요.

# 5. 물을 문

① 다음 단어들이 **무슨 뜻인지** 생각해 보세요.

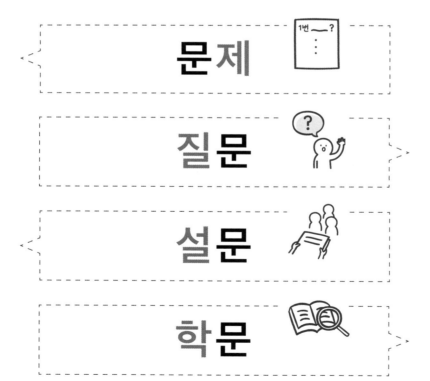

문제

질문

설문

학문

**2** 모든 단어에
**똑같이 들어 있는 글자**에 ◯ 하세요.

**3** 모든 단어 속에
**숨어 있는 공통 한자**에 ◯ 하세요.

제

제

답을 요구하는 **물음**

질문

질

알고자 하는 바를 얻기 위해 **물음**

설문

설問

조사를 하기 위하여 여러 사람에게 **물음**

학문

학問

어떤 분야를 체계적으로
배우고 **물어서** 익힘

공통 글자를 쓰세요.

공통 한자를 따라 쓰세요.

( 모양 )   ( 뜻 )   ( 소리 )

# 問 | 묻다 | 문

남의 집 문[門] 앞에 가서 안부를 묻는[口]
모양을 합했어요.

(부수) 問 → 口(입구)

④ **한자의 이름을**
따라 쓰세요.

**물을 문**

물을 문

⑤ 단어에 '問(문)'이 숨어 있으면, 그 단어에는 '묻다'의 뜻이 들어 있어요.
다음 단어들을 **한글로** 쓴 다음, 옆의 뜻풀이를 읽고 **'問(문)'의 뜻에** ○ 하세요.

| 問제 | | → 답을 요구하는 (물음) |
|---|---|---|
| 질問 | | → 알고자 하는 바를 얻기 위해 **물음** |
| 설問 | | → 조사를 하기 위하여 여러 사람에게 **물음** |
| 학問 | | → 어떤 분야를 체계적으로 배우고 **물어서** 익힘 |

**6** 아래 글을 읽고, '問(물을 문)'이 숨어 있는 단어를 찾아볼까요?
굵게 표시된 6개의 단어 중 '**묻다**'의 뜻이 있는 **4개의 단어**에 ⭕ 하세요.

체력을 키우기 위해 친구들과 함께 수업이 끝난 뒤에 학교 운동장에서 운동을 하기로 했다. 하지만 각자 하고 싶은 운동이 모두 다르다는 **문제**가 있었는데, 공평하게 **설문** 조사를 하여 발야구로 **결정**했다.

그런데 평소 운동을 안 하는 예준이가 갑자기 뛰다가 넘어져서 다리를 다치고 말았다. 꾸준하게 태권도를 다녔던 나는 **다행**히도 괜찮았다.

우리 모두 바로 다음날 예준이네로 **병문안**을 가서 언제쯤 다시 함께할 수 있는지 **질문**을 퍼부었다.

❤ **교육과정 성취기준 3~4학년군** / 4체01-02
기본 체력운동의 방법과 절차를 익히며 자신의 수준에 맞는 운동을 시도한다.

오늘 배운 단어 이외에
'問(물을 문)'이 숨어 있는
단어를 생각해 보세요.

# 미

**1** 다음 단어들이 **무슨 뜻인지** 생각해 보세요.

미화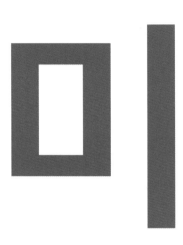

미술

미용실

팔방미인

**2** 모든 단어에
**똑같이 들어 있는 글자**에 ◯ 하세요.

**3** 모든 단어 속에
**숨어 있는 공통 한자**에 ◯ 하세요.

| | |
|---|---|
| 미화 | 美화<br><br>**아름답게** 꾸밈 |
| 미술 | 美술<br><br>그림이나 조각처럼<br>**아름다움**을 표현한 예술 |
| 미용실 | 美용실<br><br>머리를 자르거나 하여<br>외모를 **아름답게** 해 주는 곳 |
| 팔방미인 | 팔방美인<br><br>어느 모로 보나 **아름다운** 사람<br>[여러 방면에 뛰어난 사람] |

**공통 글자**를 쓰세요.

**공통 한자를** 따라 쓰세요.

모양　　　뜻　　　소리

# 美 | 아름답다 | 미

신을 위해 특별히 바치는 양[羊]이
크게[大] 자란 모양을 합했어요.

부수  美 → 羊 (양 양)

예로부터 사람들은 양이 좋은 일을 가져다준다고 믿었어요.

**4** **한자의 이름을** 따라 쓰세요.

아름다울 미

아름다울 미

---

**5** 단어에 '美(미)'가 숨어 있으면, 그 단어에는 '아름답다'의 뜻이 들어 있어요.
다음 단어들을 **한글로** 쓴 다음, 옆의 뜻풀이를 읽고 **'美(미)'의 뜻에** ◯ 하세요.

| 美화 | | → | (아름답게) 꾸밈 |
|---|---|---|---|
| 美술 | | → | 그림이나 조각처럼 **아름다움**을 표현한 예술 |
| 美용실 | | → | 머리를 자르거나 하여 외모를 **아름답게** 해 주는 곳 |
| 팔方美人 | | → | 어느 모로 보나 **아름다운** 사람 [여러 방면에 뛰어난 사람] |

**6** 아래 글을 읽고, '美(아름다울 미)'가 숨어 있는 단어를 찾아볼까요?
굵게 표시된 6개의 단어 중 **'아름답다'의 뜻이 있는 4개의 단어**에 ◯ 하세요.

교실의 환경 **미화**를 어떻게 하면 좋을지 선생님과 친구들과 함께 **의논**을 했다. 우리가 그린 그림을 벽에 붙이자는 하율이의 의견이 **다수**의 표를 얻었다.

하율이는 이것저것 재주가 참 많은 **팔방미인**인데, 특히 **미술**을 잘하고, 마음씨도 고와서 여러 친구들을 도와주었다는 **미담**도 많다.

텅 비어 있던 교실 벽에 우리가 직접 그린 알록달록한 작품들이 붙으니, 교실에 더욱 생기가 넘쳤다.

♥ **교육과정 성취기준 3~4학년군** / 4미01-04
생활 속에서 활용되는 미술에 관심을 가지고 미술의 특징과 역할을 발견할 수 있다.

오늘 배운 단어 이외에
'美(아름다울 미)'가 숨어 있는
단어를 생각해 보세요.

**1** 다음 단어들이 **무슨 뜻인지** 생각해 보세요.

연장

장수

성장

장점

**2** 모든 단어에
**똑같이 들어 있는 글자에** ◯ 하세요.

**3** 모든 단어 속에
**숨어 있는 공통 한자에** ◯ 하세요.

연

연長

시간이나 거리 등을 본래보다 **길게** 늘림

장수

長수

목숨이 **길어** 오래 삶

성장

성長

사람이나 동물 등이 **자라서** 점점 커짐

장점

長점

좋거나 **잘하거나** 긍정적인 점

**공통 글자**를 쓰세요.

**공통 한자**를 따라 쓰세요.

| 모양 | 뜻 | 소리 |
|---|---|---|
| **長** | **길다, 자라다, 잘하다** | **장** |

머리카락이 긴 노인이
지팡이를 짚고 있는 모양이에요.

부수 **長** → **長**(길 장)

**4** 한자의 이름을
따라 쓰세요.

길 장

길 장

**5** 단어에 '長(장)'이 숨어 있으면, 그 단어에는 '길다, 자라다, 잘하다'의 뜻이 들어 있어요.
다음 단어들을 **한글로** 쓴 다음, 옆의 뜻풀이를 읽고 **'長(장)'의 뜻에** ◯ 하세요.

| 연**長** | | → | 시간이나 거리 등을 본래보다 (길게) 늘림 |
|---|---|---|---|
| **長**수 | | → | 목숨이 **길어** 오래 삶 |
| 성**長** | | → | 사람이나 동물 등이 **자라서** 점점 커짐 |
| **長**점 | | → | 좋거나 **잘하거나** 긍정적인 점 |

**6** 아래 글을 읽고, '長(길 장)'이 숨어 있는 단어를 찾아볼까요? 굵게 표시된
6개의 단어 중 '**길다, 자라다, 잘하다**'의 뜻이 있는 **4개의 단어**에 ⚪ 하세요.

학예회 **장기** 자랑 때 나의 **장점**을 살려 혼자 노래를
하기로 했는데, 날짜가 다가오니 엄청 긴장됐다.

그런 나를 보고 하율이가 먼저 "내일 노래 같이 불러
줄까?" 하고 **제안**해 주어서 정말 고마웠다. 우린 바로
그날 노래방에 가서 한 시간 내내 연습하고도 모자라,
시간을 **연장**해서 30분이나 더 불렀다.

학예회 덕분에 나의 노래 **실력**뿐만 아니라 하율이와
의 우정도 더 크게 **성장**한 것 같아 뿌듯했다.

♥ **교육과정 성취기준 3~4학년군** / 4도02-03
공감의 태도가 필요한 이유를 이해하고 도덕적 상상력을 바탕으로
대상과 상황에 따라 감정을 나누는 방법을 탐구하여 실천한다.

오늘 배운 단어 이외에
'**長**(길 장)'이 숨어 있는
단어를 생각해 보세요.

# 8. 몸 신

# 신

**1** 다음 단어들이 **무슨 뜻인지** 생각해 보세요.

신체

자신

장신구

망신

**2** 모든 단어에
**똑같이 들어 있는 글자**에 ◯ 하세요.

**3** 모든 단어 속에
**숨어 있는 공통 한자**에 ◯ 하세요.

| | |
|---|---|
| 신체 | 身체 |
| | 사람의 몸 |
| 자신 | 자身 |
| | 스스로의 **몸** 또는 바로 그 사람 |
| 장신구 | 장身구 |
| | **몸**을 보기 좋게 꾸미는 데 쓰는 물건 |
| 망신 | 망身 |
| | 말이나 행동을 잘못하여 **자신**을 망침 |

**공통 글자를** 쓰세요.

**공통 한자를** 따라 쓰세요.

| 모양 | 뜻 | 소리 |
|:---:|:---:|:---:|
| **身** | **몸, 자신** | **신** |

아이를 밴 여자의 모양이에요.

부수 **身** → **身** (몸 신)

④ **한자의 이름을** 따라 쓰세요.

몸 신

몸 신

⑤ 단어에 '身(신)'이 숨어 있으면, 그 단어에는 '몸, 자신'의 뜻이 들어 있어요.
다음 단어들을 **한글로** 쓴 다음, 옆의 뜻풀이를 읽고 '**身(신)**'의 뜻에 ○ 하세요.

| **身**체 | | → | 사람의 ⓜ몸 |
|:---:|:---:|:---:|:---|
| 自**身** | | → | 스스로의 **몸** 또는 바로 그 사람 |
| 장**身**구 | | → | **몸**을 보기 좋게 꾸미는 데 쓰는 물건 |
| 망**身** | | → | 말이나 행동을 잘못하여 **자신**을 망침 |

**6** 아래 글을 읽고, '身(몸 신)'이 숨어 있는 단어를 찾아볼까요?
굵게 표시된 6개의 단어 중 '**몸, 자신**'의 뜻이 있는 **4개의 단어**에 ◯ 하세요.

체육 시간에 제자리멀리뛰기를 했는데, 선생님께서 우리 학년 최고 **기록**이라며 박수를 치셨다. 지난번 **신체** 검사 때, 내 다리가 길다고 듣긴 했지만, 친구들과 이렇게 차이가 나는 줄은 나 **자신**도 몰랐다.

선생님의 **요청**으로 한 번 더 뛰었는데, 친구들이 엄청 환호해 줘서 내가 인기 스타로 **변신**한 것만 같았다. 그걸 본 예주는 "흥!" 하고 코웃음을 치면서 나를 따라 뛰다가, 엉덩방아를 찧어 **망신**만 당했다.

♥ **교육과정 성취기준 3~4학년군** / 4체01-05
자신의 신체적 특징을 긍정적으로 인식하고 운동 계획을 세워 안전하게 활동한다.

오늘 배운 단어 이외에
'**身**(몸 신)'이 숨어 있는
단어를 생각해 보세요.

**名**칭 [　　　] → 사람이나 사물 등을
가리켜 부르는 ( 이름 )

별**名** [　　　] → 사람의 특징을 바탕으로 하여
남들이 지어 부르는 ( 이름 )

풍**向** [　　　] → 바람이 불어오는 ( 방향 )

하**向**세 [　　　] → 아래를 ( 향하여 ) 약해지는 기세

**同**호회 [　　　] → ( 같은 ) 취미를 가지고
함께 즐기는 사람의 모임

**同**갑 [　　　] → ( 같은 ) 나이

통**合** [　　　] → 둘 이상의 조직이나 기구 등을
하나로 ( 합함 )

**合**체 [　　　] → 둘 이상의 것이 ( 합해져서 ) 하나가 됨

혹시 기억이 나지 않는다면,
앞에서 배운 부분을
다시 한번 찾아보세요.

| 名 | 10~13쪽 | 問 | 26~29쪽 |
|---|---|---|---|
| 向 | 14~17쪽 | 美 | 30~33쪽 |
| 同 | 18~21쪽 | 長 | 34~37쪽 |
| 合 | 22~25쪽 | 身 | 38~41쪽 |

**학問** → 어떤 분야를 체계적으로
배우고 ( 물어서 ) 익힘

**병問안** → 아픈 사람을 찾아가서
상태를 ( 묻고 ) 위로하는 일

**美용실** → 머리를 자르거나 하여
외모를 ( 아름답게 ) 해 주는 곳

**美담** → 사람을 감동시킬 만큼
( 아름다운 ) 내용을 가진 이야기

**長수** → 목숨이 ( 길어 ) 오래 삶

**長기** → 가장 ( 잘하는 ) 재주

**장身구** → ( 몸 )을 보기 좋게 꾸미는 데 쓰는 물건

**변身** → ( 몸 )의 모양이나 태도 등을 바꿈

# 과학

다음 글자를 보고,
떠오르는 단어를 자유롭게 말해 보세요.

공

각

다

계

# 1. 안내

내

**①** 다음 단어들이 **무슨 뜻인지** 생각해 보세요.

내용물

내면

시내

내성적

**2** 모든 단어에
**똑같이 들어 있는 글자에** ⟲ 하세요.

**3** 모든 단어 속에
**숨어 있는 공통 한자에** ⟲ 하세요.

내면

시내

내성적

안에 들어 있는 물건

內면

밖으로 드러나지 않는 **안**쪽

시內

사람이 많은 도시의 **안**

內성적

겉으로 드러내지 않고
마음**속**으로만 생각하는 것

공통 글자를 쓰세요.

공통 한자를 따라 쓰세요.

모양 | 뜻 | 소리

# 內 | 안, 속 | 내

집[冂]으로 들어간[入] 안쪽의
모양을 합했어요.

부수 **內** → **入**(들 입)

**4** **한자의 이름을**
따라 쓰세요.

안 내

안 내

---

**5** 단어에 '內(내)'가 숨어 있으면, 그 단어에는 '안, 속'의 뜻이 들어 있어요.
다음 단어들을 **한글로** 쓴 다음, 옆의 뜻풀이를 읽고 **'內(내)'의 뜻에** ○ 하세요.

| **內**용물 | | → | **안**에 들어 있는 물건 |
| **內**면 | | → | 밖으로 드러나지 않는 **안쪽** |
| 市**內** | | → | 사람이 많은 도시의 **안** |
| **內**성적 | | → | 겉으로 드러내지 않고<br>마음**속**으로만 생각하는 것 |

**6** 아래 글을 읽고, '内(안 내)'가 숨어 있는 단어를 찾아볼까요?
굵게 표시된 6개의 단어 중 '안, 속'의 뜻이 있는 **4개의 단어에** ⬭ 하세요.

**시내**의 마트로 물통과 **실내화**를 사러 갔다.

"아주머니, 어떤 물통이 제일 좋아요?"

"음, 이건 **내면**이 스테인리스라서 **보온**이 잘 돼."

"그런데 갖고 다니기엔 너무 무거울 것 같아요."

"그러면 이 플라스틱이 제일 가벼워. 대신 **내용물**이

너무 뜨거우면 몸에 안 좋은 물질이 나올 수 있어."

"그럼 이 유리 물통은 어떨까요?"

"깨지지 않게 **조심**만 한다면 그게 제일 좋겠구나."

♥ **교육과정 성취기준 3~4학년군** / 4과05-01
물체를 이루는 여러 가지 물질의 성질을 비교하고, 물질의 종류에 따라 물체를 분류할 수 있다.

오늘 배운 단어 이외에
'内(안 내)'가 숨어 있는
단어를 생각해 보세요.

# 2. 온전할 전

전

① 다음 단어들이 **무슨 뜻인지** 생각해 보세요.

완전

보전

전부

전국

**2** 모든 단어에
똑같이 들어 있는 글자에 ◯ 하세요.

완**전**

보전

전부

전국

공통 글자를 쓰세요.

**3** 모든 단어 속에
숨어 있는 공통 한자에 ◯ 하세요.

완**全**

필요한 것이 모두 **온전히** 갖추어져 있음

보**全**

온전하게 보호하여 유지함

**全**부

각 부분을 모두 합친 **전체**

**全**국

온 나라 **전체**

공통 한자를 따라 쓰세요.

( 모양 )　　　　　( 뜻 )　　　　　( 소리 )

# 仝 | 온전하다,* 전체 | 전

*본래의 모습 그대로 변하지 않고 고스란히 있다.

옥[王→玉]을 들일[入] 때에는
흠집 없이 온전한 것이어야 한다는
모양을 합했어요.

(부수) **仝** → **入**(들 입)

**4** 한자의 이름을
따라 쓰세요.

온전할 전

온전할 전

**5** 단어에 '仝(전)'이 숨어 있으면, 그 단어에는 '온전하다, 전체'의 뜻이 들어 있어요.
다음 단어들을 **한글로** 쓴 다음, 옆의 뜻풀이를 읽고 **'仝(전)'의 뜻에** ◯ 하세요.

| 완**仝** | | → | 필요한 것이 모두 **온전히** 갖추어져 있음 |

| 보**仝** | | → | **온전하게** 보호하여 유지함 |

| **仝**부 | | → | 각 부분을 모두 합친 **전체** |

| **仝**국 | | → | 온 나라 **전체** |

**6** 아래 글을 읽고, '全(온전할 전)'이 숨어 있는 단어를 찾아볼까요?
굵게 표시된 6개의 단어 중 '**온전하다, 전체**'의 뜻이 있는 **4개의 단어**에 ◯ 하세요.

문득 우리 반에서 제일 **인기** 있는 간식이 무엇일지 궁금했다. 친구들에게 설문지를 돌려 적힌 간식 이름 **전부**를 살펴보는데, 쉽게 파악이 되지 않았다.

그래서 같은 이름이 적힌 것끼리 모아 **수학** 시간에 배운 막대그래프로 정리해 보았더니, 간식들의 인기 순위가 한눈에 들어왔다. 젤리의 **완전**한 승리였다.

**전교생**을 대상으로, 더 나아가 **전국**을 대상으로 한 막대그래프도 그려 보면 재미있을 것 같다.

♥ **교육과정 성취기준 3~4학년군** / 4수04-01
자료를 수집하여 그림그래프나 막대그래프로 나타내고 해석할 수 있다.

오늘 배운 단어 이외에
'全(온전할 전)'이 숨어 있는
단어를 생각해 보세요.

○ ○ ◯

**1** 다음 단어들이 **무슨 뜻인지** 생각해 보세요.

반원

반숙

절반

반신욕

**2** 모든 단어에
**똑같이 들어 있는 글자**에 ◯ 하세요.

반숙

절반

반신욕

공통 글자를 쓰세요.

**3** 모든 단어 속에
**숨어 있는 공통 한자**에 ◯ 하세요.

원을 **반**으로 나누었을 때의 한쪽

半숙

달걀 등의 음식에 열을 가하여
**반**쯤 익힘

절半

하나를 **반**으로 나눔

半신욕

따뜻한 물에
몸을 **절반**만 담그고 하는 목욕

공통 한자를 따라 쓰세요.

모양　　　　뜻　　　　소리

# 半 | 반, 절반 | 반

소[牛]를 반으로 가르는[八]
모양을 합했어요.

부수　半 → 十 (열 십)
　　　　특별한 의미는 없이 모양 글자 역할만 하는 부수도 있어요.

**4** 한자의 이름을
따라 쓰세요.

반 반

반 반

---

**5** 단어에 '半(반)'이 숨어 있으면, 그 단어에는 '반, 절반'의 뜻이 들어 있어요.
다음 단어들을 **한글로** 쓴 다음, 옆의 뜻풀이를 읽고 '**半(반)**'의 뜻에 ○ 하세요.

| 半원 | | → 원을 ⟨반⟩으로 나누었을 때의 한쪽 |
|---|---|---|
| 半숙 | | → 달걀 등의 음식에 열을 가하여 **반**쯤 익힘 |
| 절半 | | → 하나를 **반**으로 나눔 |
| 半신욕 | | → 따뜻한 물에 몸을 **절반**만 담그고 하는 목욕 |

**6** 아래 글을 읽고, '半(반 반)'이 숨어 있는 단어를 찾아볼까요?
굵게 표시된 6개의 단어 중 '**반, 절반**'의 뜻이 있는 **4개의 단어**에 ◯ 하세요.

---

오늘 '원'이라는 도형에 대해서 배웠는데, 배우고 보니 내가 생활하는 곳곳에서 원을 **기본**으로 하고 있는 사물을 쉽게 찾을 수 있었다.

아침에 맛있게 먹었던 **반숙**으로 익힌 달걀 프라이의 노른자도 원형이었고, 저녁에 올려다본 하늘의 **반달**도 원을 **절반**으로 예쁘게 잘라 놓은 **반원** 모양이었다.

집에 가서 동생에게 **주변**에 있는 사물에서 원 찾기 놀이를 하자고 해야지.

♥ **교육과정 성취기준 3~4학년군** / 4수03-06
원의 중심, 반지름, 지름을 이해하고, 그 성질을 안다.

오늘 배운 단어 이외에
'半(반 반)'이 숨어 있는
단어를 생각해 보세요.

# 4. 빌 공

**①** 다음 단어들이 **무슨 뜻인지** 생각해 보세요.

공간

공중

공기

항공기

**2** 모든 단어에
**똑같이 들어 있는 글자**에 ◯ 하세요.

**3** 모든 단어 속에
**숨어 있는 공통 한자**에 ◯ 하세요.

| | |
|---|---|
| **공**간 | **空**간 |
| | 아무것도 없는 **빈** 곳 |
| **공**중 | **空**중 |
| | 하늘과 땅 가운데의 **빈** 곳 |
| **공**기 | **空**기 |
| | 지구를 둘러싸고 있는, 색이나 냄새가 **없는** 기체 |
| 항**공**기 | 항**空**기 |
| | 사람을 싣고 **하늘**을 날아다닐 수 있는 탈것 |

공통 글자를 쓰세요.

공통 한자를 따라 쓰세요.

모양 | 뜻 | 소리

# 空 | 비다, 없다, 하늘 | 공

도구[工]로 구멍[穴]을 판 모양을 합했어요.

부수  空 → 穴 (구멍 혈)

**4** 한자의 이름을 따라 쓰세요.

빌 공

빌 공

**5** 단어에 '空(공)'이 숨어 있으면, 그 단어에는 '비다, 없다, 하늘'의 뜻이 들어 있어요.
다음 단어들을 **한글로** 쓴 다음, 옆의 뜻풀이를 읽고 **'空(공)'의 뜻에** ○ 하세요.

| 空간 | | → | 아무것도 없는 (빈) 곳 |
| 空中 | | → | 하늘과 땅 가운데의 **빈** 곳 |
| 空기 | | → | 지구를 둘러싸고 있는, 색이나 냄새가 **없는** 기체 |
| 항空기 | | → | 사람을 싣고 **하늘**을 날아다닐 수 있는 탈것 |

**6** 아래 글을 읽고, '空(빌 공)'이 숨어 있는 단어를 찾아볼까요?
굵게 표시된 6개의 단어 중 '**비다, 없다, 하늘**'의 뜻이 있는 **4개의 단어**에 ◯ 하세요.

"아빠, 왜 **우주**에서는 우주복을 입고 있어요?"

"음, 일단 우주라는 **공간**에는 **공기**가 없어. 그래서 우리가 숨 쉴 때 필요한 산소를 따로 공급받아야 해. 우주복에는 큰 산소통이 달려 있단다. 공기로 둘러싸여 있는 **지구**에선 그냥 숨 쉴 수 있지만 말이야."

우주에 대해 더 자세히 알고 싶은 마음이 들어 아빠가 하신 말씀을 **공책**에 적어 놓았다. 나도 언젠간 우주에 가서 **공중**을 떠다니는 경험을 할 수 있을까?

♥ **교육과정 성취기준 3~4학년군** / 4과06-01
지구가 대기로 둘러싸여 있음을 알고, 지구 표면을 구성하는 육지와 바다의 특징을 비교할 수 있다.

오늘 배운 단어 이외에 '**空**(빌 공)'이 숨어 있는 단어를 생각해 보세요.

# 5. 뿔 각

**1** 다음 단어들이 **무슨 뜻인지** 생각해 보세요.

각설탕

각도

직각

삼각형

**2** 모든 단어에
**똑같이 들어 있는 글자**에 ◌ 하세요.

설탕

각도

직각

삼각형

**공통 글자를 쓰세요.**

**3** 모든 단어 속에
**숨어 있는 공통 한자**에 ◌ 하세요.

설탕

상자 모양으로 만들어 **각**이 진 설탕

角도

한 점에서 시작되는 두 개의 직선이
벌어진 **각**의 정도

직角

두 직선이 만나서 이루는 90도의 **각**

삼角형

세 개의 **각**이 있는 모양

**공통 한자를 따라 쓰세요.**

| 모양 | 뜻 | 소리 |
|---|---|---|
| 角 | 뿔, 각 | 각 |

뾰족한 짐승 뿔의 모양이에요.

부수 角 → 角(뿔 각)

**4** **한자의 이름을** 따라 쓰세요.

뿔 각

뿔 각

**5** 단어에 '角(각)'이 숨어 있으면, 그 단어에는 '뿔, 각'의 뜻이 들어 있어요.
다음 단어들을 **한글로** 쓴 다음, 옆의 뜻풀이를 읽고 '**角(각)'의 뜻**에 ○ 하세요.

| 角설탕 | | → | 상자 모양으로 만들어 (각)이 진 설탕 |
|---|---|---|---|
| 角도 | | → | 한 점에서 시작되는 두 개의 직선이 벌어진 **각**의 정도 |
| 직角 | | → | 두 직선이 만나서 이루는 90도의 **각** |
| 三角형 | | → | 세 개의 **각**이 있는 모양 |

**6** 아래 글을 읽고, '角(뿔 각)'이 숨어 있는 단어를 찾아볼까요?
굵게 표시된 6개의 단어 중 '뿔, 각'의 뜻이 있는 **4개의 단어**에 ◯ 하세요.

내가 아주 어렸을 때 뵈었던 아버지의 고향 친구분께서 엄청 오랜만에 우리 집을 **방문**하셨다.

나는 기역 모양처럼 **직각**으로 허리를 굽혀 인사를 드렸고, 어머니께선 네모 모양의 커다란 **사각형** 쟁반에 커피와 **각설탕**이 든 그릇을 담아 내오셨다.

친구분께서 댁으로 돌아가시기 전에 다 함께 사진을 찍었는데, 내가 찍으니 **수평**이 안 맞아 자꾸 비뚤어져서 아버지께서 다시 카메라의 **각도**를 잘 잡아 주셨다.

♥ **교육과정 성취기준 3~4학년군** / 4수03-02
각과 직각을 이해하고, 직각과 비교하는 활동을 통하여 예각과 둔각을 구별할 수 있다.

오늘 배운 단어 이외에
'**角**(뿔 각)'이 숨어 있는
단어를 생각해 보세요.

# 6. 많을 다

**①** 다음 단어들이 **무슨 뜻인지** 생각해 보세요.

다양 ☆♡○

다독

다정

과다

**2** 모든 단어에
**똑같이 들어 있는 글자**에 ◯ 하세요.

다독

다정

과다

공통 글자를 쓰세요.

**3** 모든 단어 속에
**숨어 있는 공통 한자**에 ◯ 하세요.

모양이 여러 가지로 **많음**

多독

책을 **많이** 읽음

多정

마음이 따뜻하여 정이 **많음**

과多

지나치게 너무 **많음**

공통 한자를 따라 쓰세요.

모양 | 뜻 | 소리

## 多 | 많다 | 다

저녁[夕]에 저녁[夕]이 거듭되어
날짜가 많아지는 모양을 합했어요.

부수 多 → 夕 (저녁 석)

**4** 한자의 이름을
따라 쓰세요.

많을 다

많을 다

**5** 단어에 '多(다)'가 숨어 있으면, 그 단어에는 '많다'의 뜻이 들어 있어요.
다음 단어들을 **한글로** 쓴 다음, 옆의 뜻풀이를 읽고 '**多(다)'의 뜻**에 ◯ 하세요.

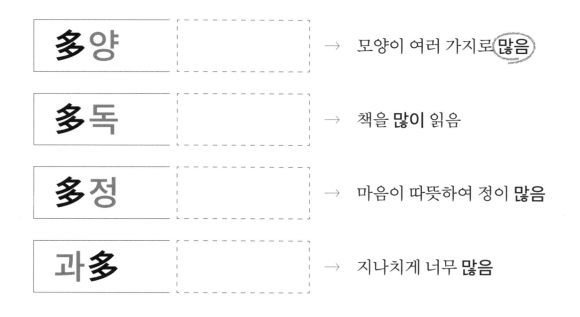

| 多양 | | → 모양이 여러 가지로 (많음) |
| 多독 | | → 책을 **많이** 읽음 |
| 多정 | | → 마음이 따뜻하여 정이 **많음** |
| 과多 | | → 지나치게 너무 **많음** |

**6** 아래 글을 읽고, '多(많을 다)'가 숨어 있는 단어를 찾아볼까요?
굵게 표시된 6개의 단어 중 **'많다'의 뜻이 있는 4개의 단어**에 ◯ 하세요.

재미있는 소설 한 편을 다 읽었는데, 초반에 여자 주인공이 왜 남자 주인공에게 **다정**하지 않은 척을 했는지 잘 이해가 가지 않았다.

내일 우리 반에서 **다독**을 하는 유나와 이야기해 볼까 했다가, 내일까지도 기다리지 못하고 인터넷에 **검색**해 보았더니 많은 사람들의 **다양**한 의견을 볼 수 있었다.

**대다수**의 사람들도 나와 비슷한 궁금증을 품었다는 사실이 신기했다. 하나하나 읽어 보니 그제야 주인공의 **행동**이 이해가 갔다.

♥ **교육과정 성취기준 3~4학년군** / 4국05-02
자신의 경험을 바탕으로 작품 속 세계와 현실 세계를 비교하여 작품을 감상한다.

오늘 배운 단어 이외에
'**多**(많을 다)'가 숨어 있는
단어를 생각해 보세요.

# 7. 셀 계

**①** 다음 단어들이 **무슨 뜻인지** 생각해 보세요.

계산

시계

계획표

통계

**2** 모든 단어에
**똑같이 들어 있는 글자**에 ◯ 하세요.

**3** 모든 단어 속에
**숨어 있는 공통 한자**에 ◯ 하세요.

수를 **세거나** 더하기, 빼기 등의 셈을 함

시계

시計

시간을 **재거나** 시각을 나타내는 기계

계획표

計획표

앞으로 할 일을 미리 **헤아려** 적은 표

통계

통計

어떤 현상을 일정한 체계에 따라
숫자로 **헤아려** 나타냄

**공통 글자**를 쓰세요.

**공통 한자**를 따라 쓰세요.

(모양) **計** | (뜻) **세다, 재다, 헤아리다** | (소리) **계**

숫자 10[十]까지 말[言]로 헤아리며 세는
모양을 합했어요.

(부수) **計** → **言** (말씀 언)

**4** 한자의 이름을
따라 쓰세요.

셀 계

셀 계

---

**5** 단어에 '計(계)'가 숨어 있으면, 그 단어에는 '세다, 재다, 헤아리다'의 뜻이 들어 있어요.
다음 단어들을 **한글로** 쓴 다음, 옆의 뜻풀이를 읽고 '計(계)'의 뜻에 ⭕ 하세요.

**計**산 → 수를 (세거나) 더하기, 빼기 등의 셈을 함

시**計** → 시간을 **재거나** 시각을 나타내는 기계

**計**획표 → 앞으로 할 일을 미리 **헤아려** 적은 표

통**計** → 어떤 현상을 일정한 체계에 따라
숫자로 **헤아려** 나타냄

**6** 아래 글을 읽고, '計(셀 계)'가 숨어 있는 단어를 찾아볼까요? 굵게 표시된
6개의 단어 중 '세다, 재다, 헤아리다'의 뜻이 있는 **4개의 단어**에 ◯ 하세요.

> 오늘은 처음으로 어머니 앞에서 혼자 라면을 끓여 보
> 기로 한 날이다. 라면 봉지 뒤의 **설명**을 꼼꼼히 읽으며
> 미리 **계획표**를 적어 보기로 했다.
> 　"어머니, 물은 언제 끓어요? **온도계**가 필요해요?"
> 　"아니. 물이 보글보글하면 끓는 거야. 그때 면을 넣어."
> 　3분 30초 동안 면을 끓이라고 하여 **계산**해 보니, 1초
> 에 한 칸씩 **이동**하는 **시계**의 초바늘이 시계를 세 바퀴
> 돌고, 반 바퀴 더 돌 때까지 기다리면 되었다.
>
> ♥ **교육과정 성취기준 3~4학년군** / 4수03-13
> 1분과 1초의 관계를 이해하고, 초 단위까지 시각을 읽을 수 있다.

오늘 배운 단어 이외에
'計(셀 계)'가 숨어 있는
단어를 생각해 보세요.

**內**성적 ☐ → 겉으로 드러내지 않고
마음( 속 )으로만 생각하는 것

실**內**화 ☐ → 건물 ( 안 )에서만 신는 신발

보**全** ☐ → ( 온전하게 ) 보호하여 유지함

**全**교생 ☐ → 한 학교의 ( 전체 ) 학생

**半**신욕 ☐ → 따뜻한 물에
몸을 ( 절반 )만 담그고 하는 목욕

**半**달 ☐ → ( 반 )원 모양의 달

항**空**기 ☐ → 사람을 싣고
( 하늘 )을 날아다닐 수 있는 탈것

**空**책 ☐ → 글씨를 쓰거나 그림을 그리도록
( 비어 ) 있는 책

혹시 기억이 나지 않는다면,
앞에서 배운 부분을
다시 한번 찾아보세요.

內 46~49쪽
全 50~53쪽
半 54~57쪽
空 58~61쪽

角 62~65쪽
多 66~69쪽
計 70~73쪽

**空**간 → 아무것도 없는 ( 빈 ) 곳

**직角** → 두 직선이 만나서 이루는 90도의 ( 각 )

**삼角형** → 세 개의 ( 각 )이 있는 모양

**사角형** → 네 개의 ( 각 )이 있는 모양

**과多** → 지나치게 너무 ( 많음 )

**대多수** → 대단히 ( 많은 ) 수

**통計** → 어떤 현상을 일정한 체계에 따라 숫자로 ( 헤아려 ) 나타냄

**온도計** → 따뜻함과 차가움의 정도를 ( 재는 ) 기구

# 예술

다음 글자를 보고,
떠오르는 단어를 자유롭게 말해 보세요.

형

전 ↓

후 ↑

좌 ←→

# 1. 있을 재

재

**1** 다음 단어들이 **무슨 뜻인지** 생각해 보세요.

존**재**

내**재**

현**재**

부**재**중

**2** 모든 단어에
**똑같이 들어 있는 글자**에 ⌣ 하세요.

내**재**

현**재**

부**재**중

공통 글자를 쓰세요.

**3** 모든 단어 속에
**숨어 있는 공통 한자**에 ⌣ 하세요.

현실에 실제로 **있음**

내**在**

사물이나 현상의 내부에 **있음**

현**在**

지금 **존재하는** 이 시간

부**在**중

집이나 직장 등 정해진 장소에
**있지** 않는 동안

공통 한자를 따라 쓰세요.

| 모양 | 뜻 | 소리 |
|---|---|---|
| **在** | **있다,<br>존재하다** | **재** |

흙[土]에 새싹[才]이 있는 모양을 합했어요.

부수  在 → 土 (흙 토)

**4** 한자의 이름을<br>따라 쓰세요.

있을 재

있을 재

**5** 단어에 '在(재)'가 숨어 있으면, 그 단어에는 '있다, 존재하다'의 뜻이 들어 있어요.<br>다음 단어들을 **한글로** 쓴 다음, 옆의 뜻풀이를 읽고 **'在(재)'의 뜻에** ◯ 하세요.

| 존在 | | → 현실에 실제로 (있음) |
|---|---|---|
| 內在 | | → 사물이나 현상의 내부에 **있음** |
| 現在 | | → 지금 **존재하는** 이 시간 |
| 不在中 | | → 집이나 직장 등 정해진 장소에<br>**있지** 않는 동안 |

**6** 아래 글을 읽고, '在(있을 재)'가 숨어 있는 단어를 찾아볼까요?
굵게 표시된 6개의 단어 중 '**있다, 존재하다**'의 뜻이 있는 **4개의 단어**에 ◯ 하세요.

---

항상 **부재중**이던 가족들이 요즘 집에 있다. 부모님은 **재택근무**하시고 누나는 온라인 수업을 듣기 때문이다.

누나 **수업**을 따라 듣다가 이육사 시인의 <청포도>라는 시를 알게 되었는데, 신기하게도 그 시를 읽으면 **현재** 내 앞에 무언가가 실제로 **존재**하는 듯하다.

특히 '하늘 밑 푸른 바다가 가슴을 열고 흰 돛단배가 곱게 밀려서 오면' 부분을 읽다 보면, 파란 바다 위에 떠 있는 새하얀 배가 눈앞에 **선명**하게 떠오른다.

♥ **교육과정 성취기준 3~4학년군** / 4국05-04
감각적 표현에 유의하여 작품을 감상하고, 감각적 표현을 활용하여 자신의 생각이나 감정을 표현한다.

---

오늘 배운 단어 이외에 '在(있을 재)'가 숨어 있는 단어를 생각해 보세요.

# 간

**1** 다음 단어들이 **무슨 뜻인지** 생각해 보세요.

간격

순간

시간

인간

**2** 모든 단어에
**똑같이 들어 있는 글자**에 ⃝ 하세요.

**3** 모든 단어 속에
**숨어 있는 공통 한자**에 ⃝ 하세요.

거리나 시간이 벌어진 **사이**

순간

순 間

눈 깜짝할 **사이** [아주 짧은 동안]

시간

시 間

어떤 시각에서 어떤 시각까지의 **사이**

인간

인 間

사람과 사람 **사이**에서 살아가는 존재

**공통 글자**를 쓰세요.

**공통 한자**를 따라 쓰세요.

( 모양 )  ( 뜻 )  ( 소리 )

# 間 | 사이 | 간

문[門]틈 사이로 햇빛[日]이 비치는
모양을 합했어요.

( 부수 )  間 → 門 (문 문)

**4** **한자의 이름을**
**따라 쓰세요.**

사이 간

사이 간

**5** 단어에 '間(간)'이 숨어 있으면, 그 단어에는 '사이'의 뜻이 들어 있어요.
다음 단어들을 **한글로** 쓴 다음, 옆의 뜻풀이를 읽고 **'間(간)'의 뜻**에 ◯ 하세요.

| 間격 | |
|---|---|

→ 거리나 시간이 벌어진 (사이)

| 순間 | |
|---|---|

→ 눈 깜짝할 **사이** [아주 짧은 동안]

| 시間 | |
|---|---|

→ 어떤 시각에서 어떤 시각까지의
**사이**

| 人間 | |
|---|---|

→ 사람과 사람 **사이**에서 살아가는 존재

**6** 아래 글을 읽고, '間(사이 간)'이 숨어 있는 단어를 찾아볼까요?
굵게 표시된 6개의 단어 중 '사이'의 뜻이 있는 **4개의 단어**에 ◯ 하세요.

나는 정해진 **주제** 없이 마음대로 그리라는 숙제가

제일 어렵다. 무엇을 그려야 할지 고민하다가 **시간**이

다 가기 때문이다. 서아에게 전화해 도움을 요청했다.

"연휴 **기간**에 놀러 갔던 바다를 그려도 되고, 지금

우리가 통화하는 이 **순간**을 그려도 되고, 우리 **인간**

이란 존재는 무엇인가, 뭐 이런 걸 그려도 되지!"

알쏭달쏭한 대답도 있었지만, 엄청 어렵게 생각할 것

없이 나의 **일상**에서 주제를 찾을 수도 있겠다 싶었다.

♥ **교육과정 성취기준 3~4학년군** / 4미02-01
관찰과 상상으로 아이디어를 떠올려 표현 주제를 구체화할 수 있다.

오늘 배운 단어 이외에
'間(사이 간)'이 숨어 있는
단어를 생각해 보세요.

◦ ◦ ◯

# 3. 구분할 구

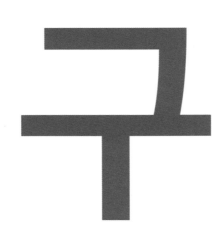

**1** 다음 단어들이 **무슨 뜻인지** 생각해 보세요.

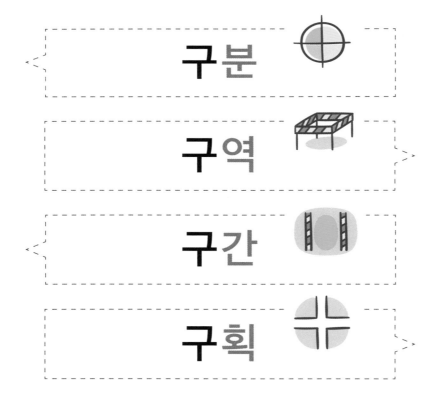

구분

구역

구간

구획

**2** 모든 단어에
**똑같이 들어 있는 글자**에  하세요.

**3** 모든 단어 속에
**숨어 있는 공통 한자**에  하세요.

---

**구**분

**區**분

전체를 몇 개로 **갈라 나눔**

---

**구** 역

**區** 역

갈라 나눈 경계 안의 지역

---

**구** 간

**區** 간

어느 한곳과 다른 한곳 사이의 **구역**

---

**구** 획

**區** 획

땅이나 공간 등을
경계를 지어 **갈라 나눔**

---

공통 글자를 쓰세요.

공통 한자를 따라 쓰세요.

모양 | 뜻 | 소리

**區** | **갈라 나누다, 구분하다, 구역** | **구**

물건들[品]을 감추어서[匚]
나누어 놓은 모양을 합했어요.

부수  → 匚 (감출 혜)

**4** 한자의 이름을
따라 쓰세요.

**구분할 구**

구분할 구

**5** 단어에 '區(구)'가 숨어 있으면, 그 단어에는 '갈라 나누다, 구역'의 뜻이 들어 있어요.
다음 단어들을 **한글로** 쓴 다음, 옆의 뜻풀이를 읽고 '**區(구)**'의 뜻에 ◯ 하세요.

**區** 分 | | → 전체를 몇 개로 갈라 나눔

**區** 역 | | → **갈라 나눈** 경계 안의 지역

**區** 間 | | → 어느 한곳과 다른 한곳 사이의 **구역**

**區** 획 | | → 땅이나 공간 등을
경계를 지어 **갈라 나눔**

**6** 아래 글을 읽고, '區(구분할 구)'가 숨어 있는 단어를 찾아볼까요?
굵게 표시된 6개의 단어 중 '**갈라 나누다, 구역**'의 뜻이 있는 **4개의 단어**에 ◯ 하세요.

친구들과 공원에서 벗나무를 중심으로 **구역**을 나눠 그린 다음, 각자 그린 **풍경** 그림을 이어 붙이기로 했다.

벗꽃이 **만발**한 나무 쪽을 맡은 세은이는 알록달록 크레파스를 사용하고, 사람이 많은 **구간**을 맡은 민서는 연필로 스케치만 하기로 했다. 모두 다른 도구로 그려서, 누가 무엇을 그렸는지 **구별**하기가 쉬웠다.

그런데 민서가 남녀 **구분** 없이 모두를 긴 생머리로 그려 놓는 바람에 사람들이 다 똑같은 생김새였다.

♥ **교육과정 성취기준 3~4학년군** / 4미01-01
자연물과 인공물을 탐색하는 데 다양한 감각을 활용할 수 있다.

오늘 배운 단어 이외에
'**區(구분할 구)**'가 숨어 있는
단어를 생각해 보세요.

# 4. 모양 형

**1** 다음 단어들이 **무슨 뜻인지** 생각해 보세요.

**형**태

**형**식

기본**형**

무**형** 문화재

2 모든 단어에
**똑같이 들어 있는 글자**에 ◯ 하세요.

형식

기본**형**

무**형** 문화재

**공통 글자를** 쓰세요.

3 모든 단어 속에
**숨어 있는 공통 한자**에 ◯ 하세요.

사물의 생김새나 **모양**

**形**식

겉으로 나타나는 **모양**이나
일을 할 때의 일정한 방식

기본**形**

기본이 되는 **모양**이나 형식

무**形** 문화재

음악, 기술과 같이
물체의 **모양**이 없는 문화적 유산

**공통 한자를 따라** 쓰세요.

| 모양 | 뜻 | 소리 |

形 | 모양 | 형

形

비슷하게 생긴 모양으로 이루어진
'幵[견]'과 '彡[삼]'의 모양을 합했어요.

부수 形 → 彡(터럭 삼)

**4** 한자의 이름을
따라 쓰세요.

모양 형

모양 형

**5** 단어에 '形(형)'이 숨어 있으면, 그 단어에는 '모양'의 뜻이 들어 있어요.
다음 단어들을 **한글로** 쓴 다음, 옆의 뜻풀이를 읽고 **'形(형)'의 뜻**에 ○ 하세요.

**形**태 → 사물의 생김새나 (모양)

**形**식 → 겉으로 나타나는 **모양**이나
일을 할 때의 일정한 방식

기본**形** → 기본이 되는 **모양**이나 형식

무**形** 文화재 → 음악, 기술과 같이 물체의
**모양**이 없는 문화적 유산

**6** 아래 글을 읽고, '形(모양 형)'이 숨어 있는 단어를 찾아볼까요?
굵게 표시된 6개의 단어 중 '**모양'의 뜻이 있는 4개의 단어**에 ◯ 하세요.

'꼭두각시놀음'이라는 **민속** 인형극을 관람하러 갔다. 먼 옛날부터 이어져 온, 우리나라의 **무형 문화재**로도 지정된 인형극이라고 하여 기대가 높았다.

검은색 장막 위로 다양한 **인형**이 나와 이야기를 들려주는 **형식**이었는데, 나오는 인형들의 **형태**가 우스꽝스러웠다. 피부색이나 머리털, 수염 등의 생김새가 모두 달라 각 **인물**들의 특징이 잘 드러났다. 줄거리도 정말 재미있어서 시간 가는 줄도 모르고 구경했다.

♥ **교육과정 성취기준 3~4학년군** / 4음02-05
우리 지역의 음악 문화유산을 찾아 듣고 국악을 즐기는 태도를 갖는다.

오늘 배운 단어 이외에 '形(모양 형)'이 숨어 있는 단어를 생각해 보세요.

**1** 다음 단어들이 **무슨 뜻인지** 생각해 보세요.

오**전**

사**전**

**전**생

**전**반**전**

**2** 모든 단어에
**똑같이 들어 있는 글자에** ◯ 하세요.

사전

전생

전반전

**공통 글자를 쓰세요.**

**3** 모든 단어 속에
**숨어 있는 공통 한자에** ◯ 하세요.

정오(낮 12시) **전**의 시간

사前

일을 시작하기 **전**

前생

이 세상에 태어나기 **전**의 생애

前반전

운동 경기 시간을 둘로 나눈 것의
**앞쪽 경기**

**공통 한자를 따라 쓰세요.**

( 모양 )  ( 뜻 )  ( 소리 )

# 前 | 앞, 전 | 전

앞으로 나아가는[ᄽ→止] 배[月→舟]의
모양을 합했어요.

(부수) **前** → ⺉ → **刀** (칼 도)
돛이 없는 작은 배를 의미하기도 해요.

**4** **한자의 이름을**
따라 쓰세요.

앞 전

앞 전

---

**5** 단어에 '前(전)'이 숨어 있으면, 그 단어에는 '앞, 전'의 뜻이 들어 있어요.
다음 단어들을 **한글로** 쓴 다음, 옆의 뜻풀이를 읽고 **'前(전)'의 뜻에** ◯ 하세요.

| 오前 | | → 정오(낮 12시) 전의 시간 |
|---|---|---|
| 事前 | | → 일을 시작하기 전 |
| 前生 | | → 이 세상에 태어나기 전의 생애 |
| 前半전 | | → 운동 경기 시간을 둘로 나눈 것의 앞쪽 경기 |

**6** 아래 글을 읽고, '前(앞 전)'이 숨어 있는 단어를 찾아볼까요?
굵게 표시된 6개의 단어 중 **'앞, 전'의 뜻이 있는 4개의 단어**에 ○ 하세요.

**오전**부터 우리 반 교실이 왁자지껄했다. 점심시간에 2반과 축구 경기가 예정되어 있었기 때문이다. **사전**에 미리 **선발**된 선수들은 몸을 풀기 바빴고, 선수가 아닌 친구들은 응원할 준비를 하느라 정신이 없었다.

점심을 먹고 모두 운동장으로 뛰쳐나갔다. **전반전**까지는 아무런 **득점**이 없다가, 후반전이 끝나기 **직전**에 우리 반 재성이가 결승 골을 넣고, 경기가 마무리됐다. 우린 모두 재성이에게 몰려가 헹가래를 쳤다.

♥ **교육과정 성취기준 3~4학년군** / 4국04-03
기본적인 문장의 짜임을 이해하고 적절하게 사용한다.

오늘 배운 단어 이외에 '前(앞 전)'이 숨어 있는 단어를 생각해 보세요.

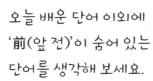

**1** 다음 단어들이 **무슨 뜻인지** 생각해 보세요.

후식

후회

독후감

최후

**2** 모든 단어에
**똑같이 들어 있는 글자**에 ◯ 하세요.

식

후회

독후감

최후

**공통 글자**를 쓰세요.

**3** 모든 단어 속에
**숨어 있는 공통 한자**에 ◯ 하세요.

식

식사 **뒤**에 먹는,
과일이나 아이스크림 등의 간단한 음식

後회

자신의 잘못을 **뒤**에 깨닫고 뉘우침

독後감

책을 읽고 난 **뒤**의 느낌을 적은 글

최後

가장 **뒤** [맨 마지막]

**공통 한자**를 따라 쓰세요.

| 모양 | 뜻 | 소리 |
|---|---|---|
| 後 | 뒤 | 후 |

조금씩[彳] 작게[幺] 뒤처져서 걷는[夂]
모양을 합했어요.

부수   後 → 彳(조금걸을 척)

**4** 한자의 이름을
따라 쓰세요.

뒤 후

뒤 후

**5** 단어에 '後(후)'가 숨어 있으면, 그 단어에는 '뒤'의 뜻이 들어 있어요.
다음 단어들을 **한글로** 쓴 다음, 옆의 뜻풀이를 읽고 **'後(후)'의 뜻에** ◯ 하세요.

| 後食 | | → | 식사 **뒤**에 먹는,<br>과일이나 아이스크림 등의 간단한 음식 |
|---|---|---|---|
| 後회 | | → | 자신의 잘못을 **뒤**에 깨닫고 뉘우침 |
| 독後감 | | → | 책을 읽고 난 **뒤**의 느낌을 적은 글 |
| 최後 | | → | 가장 **뒤** [맨 마지막] |

**6** 아래 편지글을 읽고, '後(뒤 후)'가 숨어 있는 단어를 찾아볼까요?
굵게 표시된 6개의 단어 중 '뒤'의 뜻이 있는 **4개의 단어**에 ◯ 하세요.

**최후**까지 살아남은 막내 아기 돼지야, 안녕?

오늘 **오후**에 너의 이야기를 책에서 읽고 감동받아서,

**독후감**으로 이렇게 너에게 편지를 써. 부지런하고 성

실한 모습이 마치 내 동생을 보는 것 같았거든.

네가 지은 튼튼한 벽돌집 덕분에 너희 삼 형제가

**무사**할 수 있었잖아. **매사**를 귀찮아하면서 동생에게

미루기만 하는 내 모습이 **후회**됐어. 나도 이제부터는

동생에게 벽돌집 같은 든든함을 주는 형이 될 거야.

♥ **교육과정 성취기준 3~4학년군** / 4국05-05
재미나 감동을 느끼며 작품을 즐겨 감상하는 태도를 지닌다.

오늘 배운 단어 이외에
'後(뒤 후)'가 숨어 있는
단어를 생각해 보세요.

○ ○ ○

공부한 날　　월　　일

① 다음 단어들이 **무슨 뜻인지** 생각해 보세요.

전후**좌**우

**좌**지**우**지

**우**왕**좌**왕

**좌**충**우**돌

**2** 모든 단어에
똑같이 들어 있는 글자에 ◯ 하세요.

**3** 모든 단어 속에
숨어 있는 공통 한자에 ◯ 하세요.

| | |
|---|---|
| 전후**좌우** | 전후**左右**<br>앞과 뒤, **왼쪽**과 **오른쪽**<br>[사방(四方)을 말함] |
| 좌지우지 | **左**지**右**지<br>**왼쪽**으로 갔다 **오른쪽**으로 갔다 하며<br>제 마음대로 다룸 |
| 우왕좌왕 | **右**왕**左**왕<br>**오른쪽**으로 갔다 **왼쪽**으로 갔다 하며<br>방향을 종잡지 못함 |
| 좌충우돌 | **左**충**右**돌<br>**왼쪽**으로 찌르고 **오른쪽**으로 부딪침<br>[이리저리 치고받고 부딪히는 것] |

공통 글자를 쓰세요.

공통 한자를 따라 쓰세요.

| 모양 | 뜻 | 소리 |
|---|---|---|

# 左 왼쪽 좌

도구[工]를 잡는 쪽의 손[ナ]
모양을 합했어요.

(부수) 左 → 工 (장인 공)

# 右 오른쪽 우

밥을 먹는[口] 쪽의 손[ナ]
모양을 합했어요.

(부수) 右 → 口 (입 구)

**4** 한자의 이름을
따라 쓰세요.

| 왼 좌 | 왼 좌 |
|---|---|
| 오른 우 | 오른 우 |

**5** 단어에 '左(좌)', '右(우)'가 숨어 있으면, 그 단어에는 '왼쪽', '오른쪽'의 뜻이 들어 있어요.
다음 단어들을 **한글로** 쓴 다음, 옆의 뜻풀이를 읽고 **'左(좌)', '右(우)'**의 뜻에 ◯ 하세요.

| 前後左右 | | → | 앞과 뒤, (왼쪽)과 (오른쪽) [사방(四方)을 말함] |
|---|---|---|---|
| 左지右지 | | → | **왼쪽**으로 갔다 **오른쪽**으로 갔다 하며 제 마음대로 다룸 |
| 右왕左왕 | | → | **오른쪽**으로 갔다 **왼쪽**으로 갔다 하며 방향을 종잡지 못함 |
| 左충右돌 | | → | **왼쪽**으로 찌르고 **오른쪽**으로 부딪침 [이리저리 치고받고 부딪히는 것] |

**6** 아래 글을 읽고, '左(좌)'와 '右(우)'가 숨어 있는 단어를 찾아볼까요?
굵게 표시된 6개의 단어 중 **'왼쪽'과 '오른쪽'의 뜻이 있는 4개의 단어**에 ◯ 하세요.

미술관 **전후좌우**로 작품들이 가득 전시되어 있어, 나는 어떤 작품을 먼저 감상해야 할지 **우왕좌왕**했다.

그때 '피카소'라는 **화가**의 작품 <우는 여인>이 나를 사로잡았다. 여인의 눈, 코, 입이 **좌우**로 마주 보는 것 같기도 하고, 무너져 내릴 것 같기도 했는데, 그 **기괴**함 덕분에 여인의 슬픔이 더욱 강렬하게 느껴졌다.

저 여인이 어떤 인생을 **좌충우돌** 살아왔는지는 모르지만, 나도 모르게 눈물을 닦아 주려고 가까이 갔다.

♥ **교육과정 성취기준 3~4학년군** / 4미03-02
미술 작품의 특징과 작품에 관한 자신의 느낌과 생각을 설명할 수 있다.

오늘 배운 단어 이외에
'左'나 '右'가 숨어 있는
단어를 생각해 보세요.

**내在** → 사물이나 현상의 내부에 ( 있음 )

**在택근무** → 집에 ( 있으면서 )
회사의 업무를 보는 일

**間격** → 거리나 시간이 벌어진 ( 사이 )

**기間** → 어느 때부터 어느 때까지의 ( 사이 )

**區획** → 땅이나 공간 등을
경계를 지어 ( 갈라 나눔 )

**區별** → 성질이나 종류에 따라 ( 갈라 나눔 )

**區분** → 전체를 몇 개로 ( 갈라 나눔 )

**形태** → 사물의 생김새나 ( 모양 )

혹시 기억이 나지 않는다면,
앞에서 배운 부분을
다시 한번 찾아보세요.

| | | | |
|---|---|---|---|
| 在 | 78~81쪽 | 形 | 90~93쪽 |
| 間 | 82~85쪽 | 前 | 94~97쪽 |
| 區 | 86~89쪽 | 後 | 98~101쪽 |
| | | 左右 | 102~105쪽 |

**기본形** → 기본이 되는 ( 모양 )이나 형식

**인形** → 사람 ( 모양 )으로 만든 장난감

**前생** → 이 세상에 태어나기 ( 전 )의 생애

**직前** → 어떤 일이 일어나기 바로 ( 전 )

**後식** → 식사 ( 뒤 )에 먹는,
과일이나 아이스크림 등의 간단한 음식

**오後** → 정오(낮 12시) ( 뒤 )의 시간

**左지右지** → ( 왼쪽 )으로 갔다 ( 오른쪽 )으로 갔다
하며 제 마음대로 다룸

**左右** → ( 왼쪽 )과 ( 오른쪽 )을
아울러 이르는 말

# 사회

다음 글자를 보고,
떠오르는 단어를 자유롭게 말해 보세요.

# 1. 돌이킬 반

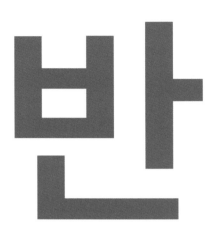

**1** 다음 단어들이 **무슨 뜻인지** 생각해 보세요.

반복

반성

반대

반칙

모든 단어에
**똑같이 들어 있는 글자**에 ◯ 하세요.

 모든 단어 속에
**숨어 있는 공통 한자**에 ◯ 하세요.

반복

反복

같은 일을 **돌이켜** 계속함

반성

反성

자신의 말과 행동에
잘못이 없는지 **돌이켜** 봄

반대

反대

두 사물의 모양, 위치, 방향 등이
**거꾸로** 됨

반칙

反칙

법칙이나 규칙 등을 **어김**

**공통 글자**를 쓰세요.

**공통 한자**를 따라 쓰세요.

| 모양 | 뜻 | 소리 |
|:---:|:---:|:---:|
| **反** | **돌이키다, 거꾸로, 어기다** | **반** |

산기슭[厂]의 무언가를 손[又]으로 뒤집는
모양을 합했어요.

④ **한자의 이름을** 따라 쓰세요.

**돌이킬 반**

돌이킬 반

 부수 **反** → **又**(또 우)
'자주' 쓰는 오른손의 모양이라 '또'의 뜻까지 갖게 되었어요.

⑤ 단어에 '反(반)'이 숨어 있으면, 그 단어에는 '돌이키다, 거꾸로, 어기다'의 뜻이 들어 있어요.
다음 단어들을 **한글로** 쓴 다음, 옆의 뜻풀이를 읽고 '反(반)'의 뜻에 ○ 하세요.

**反복** [　　　　] → 같은 일을 **돌이켜** 계속함

**反성** [　　　　] → 자신의 말과 행동에 잘못이 없는지 **돌이켜** 봄

**反대** [　　　　] → 두 사물의 모양, 위치, 방향 등이 **거꾸로** 됨

**反칙** [　　　　] → 법칙이나 규칙 등을 **어김**

**6** 아래 글을 읽고, '反(돌이킬 반)'이 숨어 있는 단어를 찾아볼까요? 굵게 표시된 6개의 단어 중 '**돌이키다, 거꾸로, 어기다**'의 뜻이 있는 **4개의 단어**에 ⬭ 하세요.

잠자기 전에 좋아하는 노래를 **반복** 재생으로 틀어 놓고, 침대 위로도 뛰고 **반대** 방향으로도 뛰며 신나게 춤을 추고 있는데, 갑자기 초인종이 울렸다.

안경에 빛이 **반사**되어 똑 부러진 느낌이 나는 아이였는데, "늦은 밤 죄송하지만, 아랫집 학생인데요, 너무 시끄러워서 잠을 못 자겠어요." 하고 말했다.

이웃을 **배려**하지 못한 것이 부끄러워 깊이 **반성**을 했다. 한밤중에는 특히 **소음**에 더욱 신경 써야겠다.

♥ **교육과정 성취기준 3~4학년군** / 4도01-04
다른 사람의 관점을 수용할 수 있는지를 도덕적으로 검토하고
도덕규범을 내면화하여 도덕적으로 행동할 수 있는 자세를 기른다.

오늘 배운 단어 이외에
'反(돌이킬 반)'이 숨어 있는
단어를 생각해 보세요.

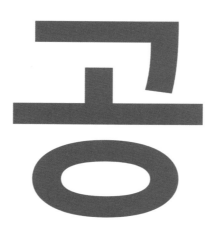

**1** 다음 단어들이 **무슨 뜻인지** 생각해 보세요.

공유

공통점

공동체

공공장소

**2** 모든 단어에
**똑같이 들어 있는 글자**에 ◯ 하세요.

공통점

공동체

공공장소

공통 글자를 쓰세요.

**3** 모든 단어 속에
**숨어 있는 공통 한자**에 ◯ 하세요.

두 사람 이상이 어떤 것을
**함께** 가지고 있음

共통점

여럿 사이에 **함께** 통하거나 같은 점

共동체

생활이나 목적을 **함께하는** 집단

공共장소

도서관, 우체국 등
여러 사람이 **함께** 이용하는 곳

공통 한자를 따라 쓰세요.

| 모양 | 뜻 | 소리 |
|:---:|:---:|:---:|
| **共** | **함께** | **공** |

스무 사람[卄→廿]이 함께
나누어[八] 베푸는 모양을 합했어요.

**부수** 共 → 八 (여덟 팔)
사물이 반으로 쪼개진 모양으로, '나누다'의 뜻이 있어요.

**4** **한자의 이름을** 따라 쓰세요.

함께 공

함께 공

**5** 단어에 '共(공)'이 숨어 있으면, 그 단어에는 '함께'의 뜻이 들어 있어요.
다음 단어들을 **한글로** 쓴 다음, 옆의 뜻풀이를 읽고 '**共(공)**'의 뜻에 ◯ 하세요.

| **共有** | | → | 두 사람 이상이 어떤 것을 (함께) 가지고 있음 |
|:---:|:---:|:---:|:---|
| **共통점** | | → | 여럿 사이에 **함께** 통하거나 같은 점 |
| **共同체** | | → | 생활이나 목적을 **함께**하는 집단 |
| **공共장소** | | → | 도서관, 우체국 등 여러 사람이 **함께** 이용하는 곳 |

**6** 아래 글을 읽고, '共(함께 공)'이 숨어 있는 단어를 찾아볼까요?
굵게 표시된 6개의 단어 중 '**함께**'의 뜻이 있는 **4개의 단어**에 ◯ 하세요.

버스 정류장 앞 보도블록이 며칠째 깨진 채로 있었다. 사람들이 많이 다니는 **공공장소**라 너무 위험해 보이지 않냐고, 사진을 찍어 친구들과 **공유**했더니 모두들 크게 **공감**하며 그렇다고 **동의**했다.

구청에 전화를 하니 **담당자**를 바꾸어 주셔서, 우리 동네의 다른 누군가가 넘어질까 봐 걱정된다고 말씀드렸더니, **공동체** 의식을 가지고 신고해 줘서 고맙다며 당장 해결하겠다고 대답하셨다.

♥ **교육과정 성취기준 3~4학년군** / 4사09-01
생활 주변에서 찾을 수 있는 여러 가지 문제를 파악하고, 그 문제를 합리적으로 해결하는 능력을 기른다.

오늘 배운 단어 이외에 '共(함께 공)'이 숨어 있는 단어를 생각해 보세요.

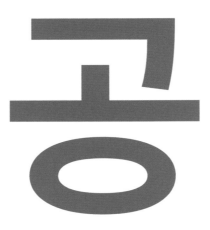

**1** 다음 단어들이 **무슨 뜻인지** 생각해 보세요.

공정

공원

공익

공중전화

**2** 모든 단어에
똑같이 들어 있는 글자에 ⭕ 하세요.

**3** 모든 단어 속에
숨어 있는 공통 한자에 ⭕ 하세요.

| | |
|---|---|
| ⭕**공**정 | **公**정 |
| | 공평하고 올바름 |
| **공**원 | **公**원 |
| | 여러 사람이 쉴 수 있도록<br>마련해 놓은 넓은 장소 |
| **공**익 | **公**익 |
| | 여러 사람을 위한 사회 전체의 이익 |
| **공**중전화 | **公**중전화 |
| | 여러 사람이 사용할 수 있도록<br>설치한 전화 |

공통 글자를 쓰세요.

공통 한자를 따라 쓰세요.

모양

뜻

소리

# 公 | 공평하다, 여러 사람(을 위하다) | 공

팔이 안으로 굽는 사사로운 것[厶]도
공평하게 나누는[八] 모양을 합했어요.

부수  公 → 八 (여덟 팔)

**4** 한자의 이름을 따라 쓰세요.

공평할 공

공평할 공

**5** 단어에 '公(공)'이 숨어 있으면, 그 단어에는 '공평하다, 여러 사람'의 뜻이 들어 있어요.
다음 단어들을 **한글로** 쓴 다음, 옆의 뜻풀이를 읽고 '**公(공)**'의 뜻에 ◯ 하세요.

| 公正 | | → (공평하고) 올바름 |
|---|---|---|
| 公원 | | → 여러 사람이 쉴 수 있도록 마련해 놓은 넓은 장소 |
| 公익 | | → 여러 사람을 위한 사회 전체의 이익 |
| 公중전화 | | → 여러 사람이 사용할 수 있도록 설치한 전화 |

**6** 아래 글을 읽고, '公(공평할 공)'이 숨어 있는 단어를 찾아볼까요?
굵게 표시된 6개의 단어 중 **'공평하다, 여러 사람'**의 뜻이 있는 **4개의 단어**에 ◯ 하세요.

집 앞 **공원**에서 강아지 밤비와 산책하다가 사람들이 버린 쓰레기가 너무 많아 깜짝 놀랐다. 모두가 누리기 위해 **존재**하는 **공공장소**인데, 정말 지저분했다.

강아지들은 모르고 쓰레기를 먹어 버릴 수도 있으니, 나같이 강아지와 함께 오는 사람들은 마음 놓고 산책을 못 하게 될 것이고, 그건 참 **공정**하지 못한 일이다.

나는 모두에게 **유익**할 수 있도록 쓰레기를 함부로 버리지 않고, **공익**을 먼저 생각하겠다고 다짐했다.

♥ **교육과정 성취기준 3~4학년군** / 4사01-02
주변의 여러 장소를 살펴보고, 우리가 사는 곳을 더 살기 좋은 곳으로 만드는 방안을 탐색한다.

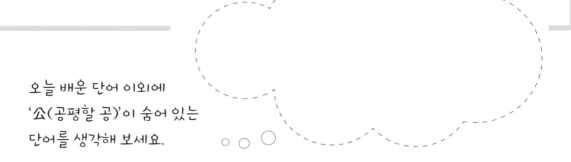

오늘 배운 단어 이외에
'公(공평할 공)'이 숨어 있는
단어를 생각해 보세요.

○ ○ ◯

# 4. 법식

**1** 다음 단어들이 **무슨 뜻인지** 생각해 보세요.

**형식**

**공식**

**의식**

**결혼식**

**2** 모든 단어에
**똑같이 들어 있는 글자**에 ◯ 하세요.

**3** 모든 단어 속에
**숨어 있는 공통 한자**에 ◯ 하세요.

형(식)

형式

겉으로 나타나는 모양이나
일을 할 때의 일정한 **방식**

공식

공式

여러 사람이 인정한 공적인 **방식**

의식

의式

정해진 **방식**에 따라 치르는 행사

결혼식

결혼式

성인 남녀가 부부가 됨을 알리는 **의식**

**공통 글자**를 쓰세요.

**공통 한자**를 따라 쓰세요.

모양 | 뜻 | 소리

# 式 | 법, 방식, 의식 | 식

'工'의 뜻[장인, 도구, 규칙]과
'弋'의 소리[익→식]를 가졌어요.

부수 式 → 弋(주살 익)
줄이 달린 화살을 주살이라고 해요.

**4** **한자의 이름을** 따라 쓰세요.

법 식

법 식

**5** 단어에 '式(식)'이 숨어 있으면, 그 단어에는 '법, 방식, 의식'의 뜻이 들어 있어요.
다음 단어들을 **한글로** 쓴 다음, 옆의 뜻풀이를 읽고 '**式(식)**'의 뜻에 ⭕ 하세요.

| 形式 | | → 겉으로 나타나는 모양이나 일을 할 때의 일정한 **방식** |
| 公式 | | → 여러 사람이 인정한 공적인 **방식** |
| 의式 | | → 정해진 **방식**에 따라 치르는 행사 |
| 결혼式 | | → 성인 남녀가 부부가 됨을 알리는 **의식** |

**6** 아래 글을 읽고, '式(법 식)'이 숨어 있는 단어를 찾아볼까요?
굵게 표시된 6개의 단어 중 '**법, 방식, 의식**'의 뜻이 있는 **4개의 단어**에 ◯ 하세요.

증조할머니께서 돌아가셨다는 연락을 받았다. 최근 몇 달 동안 많이 편찮으셨는데, 오늘 아침에 병원에서 **공식**적으로 사망 **선고**를 받으셨다고 한다.

**형식**을 제대로 갖추기 위해서 검은색 재킷을 꺼내 입고, 부모님과 함께 **장례식장**에 도착했다.

처음 겪는 일이었지만 부모님께서 장례 **의식**이 어떤 **절차**에 따라 진행되는지를 차근차근하게 알려 주서서, 오래간만에 뵌 친척분들께 의젓하다고 칭찬을 받았다.

♥ **교육과정 성취기준 3~4학년군** / 4사01-01
주변 여러 장소에서의 경험과 느낌을 다양한 방식으로 표현하고,
장소감을 나누며 서로 존중하는 태도를 지닌다.

오늘 배운 단어 이외에 '式(법 식)'이 숨어 있는 단어를 생각해 보세요.

**1** 다음 단어들이 **무슨 뜻인지** 생각해 보세요.

수평

평균

평등

평화

**2** 모든 단어에
**똑같이 들어 있는 글자**에 ◯ 하세요.

평균

평등

평화

**공통 글자**를 쓰세요.

**3** 모든 단어 속에
**숨어 있는 공통 한자**에 ◯ 하세요.

잔잔한 물의 겉면처럼
기울지 않고 **평평한** 상태

平균

여러 수나 양을 균형적으로 맞춰
**고르게** 한 것

平등

권리, 의무 등이 차별 없이
**고르고 똑같음**

平화

**편안하고 화목함**

**공통 한자**를 따라 쓰세요.

모양  뜻  소리

# 平 | 평평하다, 고르다, 편안하다 | 평

양쪽 면이 평평하게 나뉜[八] 방패[干]의
모양을 합했어요.

부수 平 → 干(방패 간)

**4** 한자의 이름을
따라 쓰세요.

평평할 평

평평할 평

---

**5** 단어에 '平(평)'이 숨어 있으면, 그 단어에는 '평평하다, 고르다, 편안하다'의 뜻이 들어
있어요. 다음 단어들을 **한글로** 쓴 다음, 옆의 뜻풀이를 읽고 **'平(평)'의 뜻**에 ⃝ 하세요.

| 水平 | | → | 잔잔한 물의 겉면처럼<br>기울지 않고 평평한 상태 |
| 平균 | | → | 여러 수나 양을 균형적으로 맞춰<br>고르게 한 것 |
| 平등 | | → | 권리, 의무 등이 차별 없이<br>고르고 똑같음 |
| 平화 | | → | 편안하고 화목함 |

**6** 아래 글을 읽고, '平(평평할 평)'이 숨어 있는 단어를 찾아볼까요? 굵게 표시된
6개의 단어 중 '**평평하다, 고르다, 편안하다**'의 뜻이 있는 **4개의 단어**에 ◯ 하세요.

**평화**로운 우리 동네의 골목길 한구석에 언젠가부터 자꾸 쓰레기가 쌓여 주민들의 **불평**이 쏟아져서, 모두 한자리에 모여 해결 **방안**을 찾아보기로 했다.

벽에 그림을 그리고 화단을 가꾸자는 나의 의견이 주민들의 만장일치로 통과되어, **벽화**를 그릴 조와 화단을 가꿀 조로 **평등**하게 주민들의 업무를 나누었다. 나는 **수평**을 맞추어 흙을 쌓고 화분 올리는 일을 맡았다.

이렇게 예쁜 곳에는 더 이상 쓰레기를 안 버리겠지?

♥ **교육과정 성취기준 3~4학년군** / 4사08-02
지역에서 이루어지는 민주주의 사례를 통해 주민 자치와 주민 참여의 중요성을 파악하고,
지역사회의 문제 해결에 참여하는 태도를 기른다.

오늘 배운 단어 이외에
'平(평평할 평)'이 숨어 있는
단어를 생각해 보세요.

# 6. 다행 행

**①** 다음 단어들이 **무슨 뜻인지** 생각해 보세요.

행복

행운

불행

다행

**2** 모든 단어에
똑같이 들어 있는 글자에 ◯ 하세요.

**3** 모든 단어 속에
숨어 있는 공통 한자에 ◯ 하세요.

복

복

복을 받아 좋은 운

행운

幸운

인간의 능력을 넘어선 **좋은 운**

불행

불幸

좋은 운이 없음, 또는 행복하지 않음

다행

다幸

뜻밖에 일이 잘되어 **운이 좋음**

공통 글자를 쓰세요.

공통 한자를 따라 쓰세요.

| 모양 | 뜻 | 소리 |
|---|---|---|
|  | 좋은 운,<br>다행 | 행 |

땅[土]을 함께[八] 방패[干]로 지켜 내
다행인 모양을 합했어요.

부수 幸 → 干(방패 간)

**4** 한자의 이름을
따라 쓰세요.

다행 행

다행 행

**5** 단어에 '幸(행)'이 숨어 있으면, 그 단어에는 '좋은 운'의 뜻이 들어 있어요.
다음 단어들을 **한글로** 쓴 다음, 옆의 뜻풀이를 읽고 '**幸(행)'의 뜻**에 ◯ 하세요.

| 幸복 | | → 복을 받아 (좋은 운) |
|---|---|---|
| 幸운 | | → 인간의 능력을 넘어선 **좋은 운** |
| 不幸 | | → **좋은 운**이 없음, 또는 행복하지 않음 |
| 多幸 | | → 뜻밖에 일이 잘되어 **운이 좋음** |

**6** 아래 글을 읽고, '幸(다행 행)'이 숨어 있는 단어를 찾아볼까요?
굵게 표시된 6개의 단어 중 **'좋은 운'의 뜻이 있는 4개의 단어**에 ◯ 하세요.

며칠 전 숙제를 깜빡했는데, 다음날 선생님께서 검사

하실 때 **다행**히도 나를 그냥 지나쳐 가셨다. 다음날도,

그 다음날도 계속! 나는 완전 **행운아**였다!

그런데 오늘 선생님께서 갑자기 사탕을 주셔서 나는

넙죽 받으며 **행복**해했는데, "윤아가 숙제를 꼬박꼬박

잘해서 주는 거야." 하고 **칭찬**하시며, "윤아는 그 책의

어느 부분이 제일 좋았다고 했지?"라고 물으셨다. 나는

**불행**히도 아무 **대답**을 할 수가 없어 부끄러웠다.

♥ **교육과정 성취기준 3~4학년군** / 4도01-02
정직의 의미를 알고 모범적인 사례를 탐색하여 바르게 행동하려는 태도를 기른다.

오늘 배운 단어 이외에
'幸(다행 행)'이 숨어 있는
단어를 생각해 보세요.

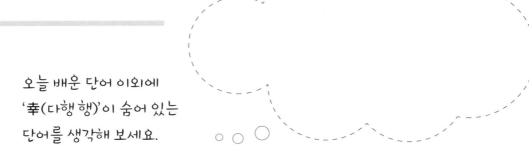

○ ○ ◯

**1** 다음 단어들이 **무슨 뜻인지** 생각해 보세요.

마차

열차

소방차

주차장

**2** 모든 단어에
**똑같이 들어 있는 글자**에 ◯ 하세요.

**3** 모든 단어 속에
**숨어 있는 공통 한자**에 ◯ 하세요.

| | |
|---|---|
| 마**차** | 마**車** <br> 말이 끄는 **수레** |
| 열**차** | 열**車** <br> 여러 개의 칸을 길게 이어 놓은 <br> 기차 등의 **차** |
| 소방**차** | 소방**車** <br> 화재를 막거나 진압하는 데 필요한 <br> 장비를 갖추고 있는 **차** |
| 주**차**장 | 주**車**장 <br> **차**를 세워 두도록 마련한 곳 |

**공통 글자를** 쓰세요.

**공통 한자를** 따라 쓰세요.

| 모양 | 뜻 | 소리 |
|:---:|:---:|:---:|
| **車** | **수레, 차** | **차** |

**車**

바퀴 달린 수레의 모양이에요.

(부수) **車** → **車** (수레 차)

---

**4** 한자의 이름을 따라 쓰세요.

수레 차

수레 차

---

**5** 단어에 '車(차)'가 숨어 있으면, 그 단어에는 '수레, 차'의 뜻이 들어 있어요.
다음 단어들을 **한글로** 쓴 다음, 옆의 뜻풀이를 읽고 '**車(차)'의 뜻에** ○ 하세요.

| 마**車** | | → | 말이 끄는 (수레) |
|:---:|:---:|:---:|:---|
| 열**車** | | → | 여러 개의 칸을 길게 이어 놓은 기차 등의 **차** |
| 소방**車** | | → | 화재를 막거나 진압하는 데 필요한 장비를 갖추고 있는 **차** |
| 주**車**장 | | → | **차**를 세워 두도록 마련한 곳 |

**6** 아래 글을 읽고, '車(수레 차)'가 숨어 있는 단어를 찾아볼까요?
굵게 표시된 6개의 단어 중 '**수레, 차**'의 뜻이 있는 **4개의 단어**에 ◯ 하세요.

아침에 모차르트의 피아노 음악을 들으며 눈을 뜨고, 이탈리아식 샌드위치를 먹었다. 해외**여행**을 가시는 어머니는 체코의 **열차** 시간표를 확인하시고, 아버지는 독일제 **자동차**를 타러 **주차장**으로 내려가신다.

교통과 통신의 발달 덕분에 세계는 하나의 마을처럼 가까워져서, 나는 **비행기**를 타 본 적도 없지만 세계 여러 나라의 것을 맘껏 즐길 수 있다. **마차**만 타고 다니던 옛날에는 꿈도 못 꾸던 일들이겠지?

♥ **교육과정 성취기준 3~4학년군** / 4사04-02
옛날부터 오늘날까지 교통의 변화에 따른 이동과 생활 모습의 변화를 이해한다.

오늘 배운 단어 이외에 '車(수레 차)'가 숨어 있는 단어를 생각해 보세요.

# 8. 군사 군

**①** 다음 단어들이 **무슨 뜻인지** 생각해 보세요.

군사

군인

장군

공군

**2** 모든 단어에 **똑같이 들어 있는 글자**에 ◯ 하세요.

**군**사

군인

장군

공군

공통 글자를 쓰세요.

**3** 모든 단어 속에 **숨어 있는 공통 한자**에 ◯ 하세요.

**軍**사

예전에, 군인이나 **군대**를 이르던 말

**軍**인

군대에서 일하는 사람

장**軍**

군대를 거느리고 지휘하는 사람

공**軍**

주로 공중에서
공격과 방어의 임무를 수행하는 **군대**

공통 한자를 따라 쓰세요.

| 모양 | 뜻 | 소리 |
|---|---|---|
| **軍** | **군사, 군대** | **군** |

전쟁할 때 쓰는 수레[車]를 둘러싼[冖]
군사들의 모양을 합했어요.

부수 **軍** → **車** (수레 차)

**4** 한자의 이름을 따라 쓰세요.

군사 군

~~군사 군~~

---

**5** 단어에 '軍(군)'이 숨어 있으면, 그 단어에는 '군사, 군대'의 뜻이 들어 있어요.
다음 단어들을 **한글로** 쓴 다음, 옆의 뜻풀이를 읽고 '**軍(군)**'의 뜻에 ○ 하세요.

| 軍사 | | → 예전에, 군인이나 **군대**를 이르던 말 |
|---|---|---|
| 軍人 | | → 군대에서 일하는 사람 |
| 장軍 | | → 군대를 거느리고 지휘하는 사람 |
| 空軍 | | → 주로 공중에서 공격과 방어의 임무를 수행하는 **군대** |

**6** 아래 글을 읽고, '軍(군사 군)'이 숨어 있는 단어를 찾아볼까요?
굵게 표시된 6개의 단어 중 '**군사, 군대**'의 뜻이 있는 **4개의 단어**에 ◯ 하세요.

이순신 **장군**은 대표적인 조선 시대의 위인이다. 그가 이끈 최고의 **전투**를 꼽으라면 단연 1597년 전라도 해남과 진도 사이에서 10여 척의 배로 133척이나 되는 일본 **군사**의 배를 물리친 '명량 대첩'이다. **침범**의 시작점이 되는 우리 지역을 뚫음으로써 한반도 땅 전체를 지배하고자 했던 일본군의 공격을 방어한 것이다.

나도 언젠가 **군인**이 되면, 역사적으로 중요했던 우리 고장의 바다를 지키는 **해군**이 되고 싶다.

♥ **교육과정 성취기준 3~4학년군** / 4사06-02
지역의 박물관, 기념관, 유적지 등을 체험하고 지역의 역사를 이해한다.

오늘 배운 단어 이외에
'軍(군사 군)'이 숨어 있는
단어를 생각해 보세요.

**反**칙 [　　　] → 법칙이나 규칙 등을 ( 어김 )

**反**사 [　　　] → 빛 등이 다른 물체에 부딪쳐
나아가던 방향을 ( 거꾸로 ) 바꿈

**共**통점 [　　　] → 여럿 사이에 ( 함께 ) 통하거나 같은 점

**共**감 [　　　] → 남의 생각에 대하여
자기도 그렇다고 ( 함께 ) 느낌

**公**중전화 [　　　] → ( 여러 사람 )이 사용할 수 있도록
설치한 전화

**公**공장소 [　　　] → 도서관, 우체국 등
( 여러 사람 )이 함께 이용하는 곳

결혼**式** [　　　] → 성인 남녀가 부부가 됨을 알리는 ( 의식 )

장례**式**장 [　　　] → 사람이 죽은 후 땅에 묻는 등의
( 의식 )을 치르는 장소

혹시 기억이 나지 않는다면,
앞에서 배운 부분을
다시 한번 찾아보세요.

反  110~113쪽
共  114~117쪽
公  118~121쪽
式  122~125쪽

平  126~129쪽
幸  130~133쪽
車  134~137쪽
軍  138~141쪽

平균 → 여러 수나 양을 균형적으로 맞춰 ( 고르게 ) 한 것

불平 → 마음이 ( 편안하지 ) 않아 못마땅하게 여김

幸운 → 인간의 능력을 넘어선 ( 좋은 운 )

幸운아 → ( 좋은 운 )을 만나 일이 뜻대로 잘되어 가는 사람

소방車 → 화재를 막거나 진압하는 데 필요한 장비를 갖추고 있는 ( 차 )

자동車 → 엔진의 힘으로 스스로 움직이는 ( 차 )

공軍 → 주로 공중에서 공격과 방어의 임무를 수행하는 ( 군대 )

해軍 → 주로 바다에서 공격과 방어의 임무를 수행하는 ( 군대 )

# 한자 색인

## 음으로 찾기 (132字)

# 초등 국어

교과서 속 한자로 어휘력을 키우는
## 공부력 향상 프로그램

# 한자가
# 어휘력
# 이 다

정답 다운로드

# 정답

# 4
단계

교육 R&D에 앞서가는

Key 키출판사

초 등 국 어

# 한자가
# 어휘력
# 이 **4**단계 다

# 정 답

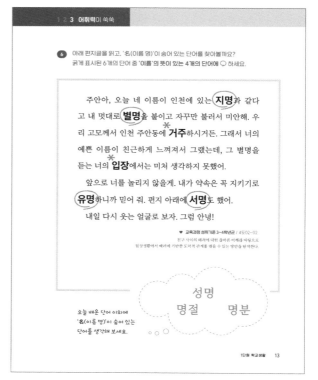

\* **거주(居住)**: 일정한 곳에 머물러 삶. 또는 그런 집.

\* **입장(立場)**: 당면하고 있는 상황.

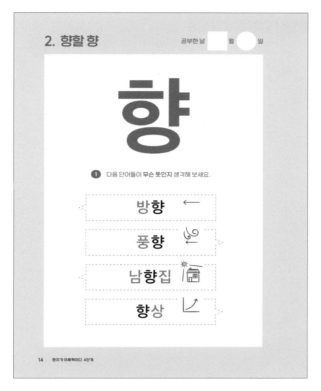

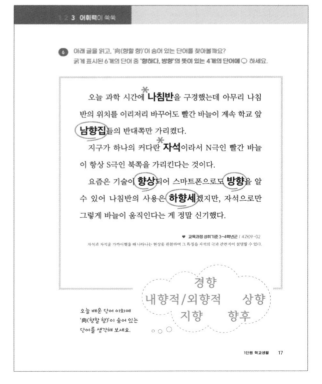

\* **나침반(羅針盤)**: 항공, 항해 따위에 쓰는 동, 서, 남, 북 방향을 알려 주는 기구.

\* **자석(磁石)**: 쇠붙이를 끌어당기는 힘을 띤 물체.

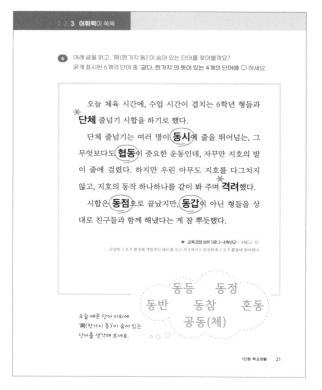

* **단체(團體)**: 여러 사람이 모여서 이루어진 집단.

* **격려(激勵)**: 용기나 의욕이 솟아나도록 북돋워 줌.

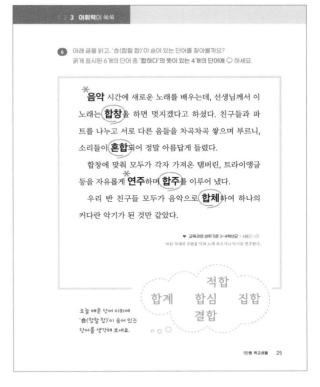

* **음악(音樂)**: 목소리나 악기로 박자와 가락이 있게 소리 내어 생각이나 감정을 표현하는 예술.

* **연주(演奏)**: 악기를 다루어 곡을 표현하거나 들려주는 일.

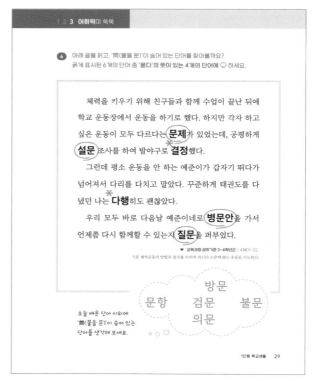

* **결정(決定):** 행동이나 태도를 분명하게 정함. 또는 그렇게 정해진 내용.

* **다행(多幸):** 뜻밖에 일이 잘되어 운이 좋음.

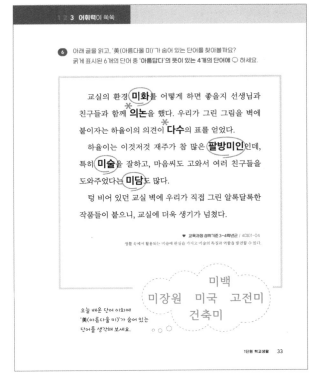

* **의논(議論):** 어떤 일에 대하여 서로 의견을 주고받음.

* **다수(多數):** 많은 수.

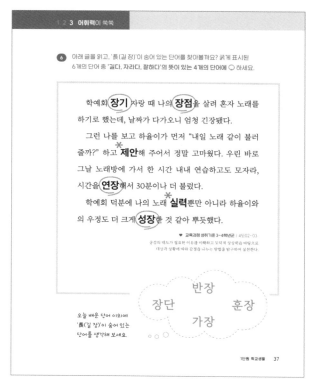

* **제안(提案):** 안이나 의견으로 내놓음. 또는 그 안이나 의견.

* **실력(實力):** 실제로 갖추고 있는 힘이나 능력.

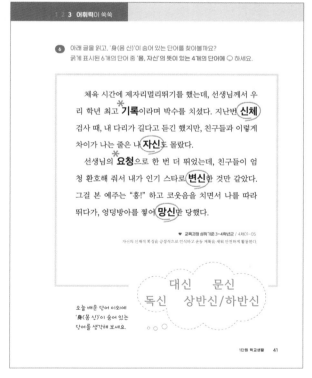

* **기록(記錄)**: 주로 후일에 남길 목적으로 어떤 사실을 적음. 또는 그런 글.

* **요청(要請)**: 필요한 어떤 일이나 행동을 청함. 또는 그런 청.

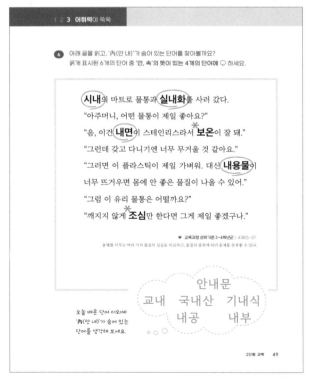

\* **보온(保溫)**: 주위의 온도에 관계없이 일정한 온도를 유지함.

\* **조심(操心)**: 잘못이나 실수가 없도록 말이나 행동에 마음을 씀.

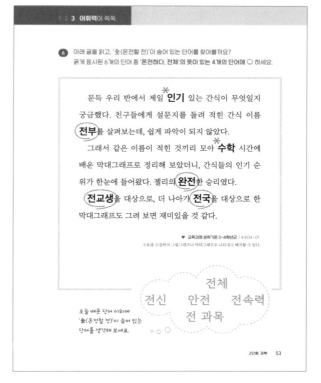

* **인기(人氣):** 어떤 대상에 쏠리는 대중의 높은 관심이나 좋아하는 기운.

* **수학(數學):** 수를 헤아리거나 공간을 측정하는 등의 수와 양에 관한 학문.

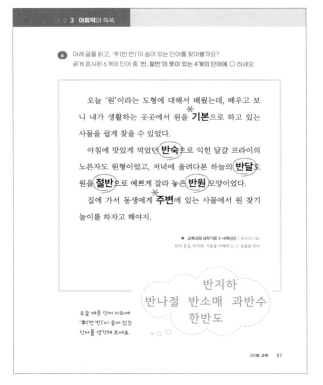

* **기본(基本)**: 사물이나 현상, 이론, 시설 따위를 이루는 바탕.

* **주변(周邊)**: 어떤 대상의 둘레.

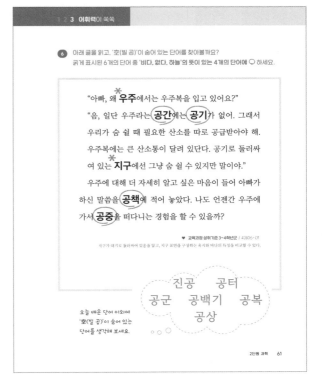

* **우주(宇宙)**: 태양, 지구, 달 등 천체를 포함하는 공간.
* **지구(地球)**: 현재 인류가 살고 있는, 태양계의 셋째 행성.

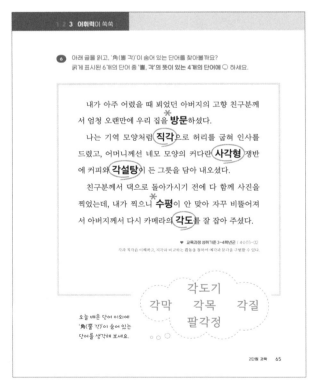

* **방문(訪問)**: 어떤 사람이나 장소를 찾아가서 만나거나 봄.

* **수평(水平)**: 기울지 않고 평평한 상태.

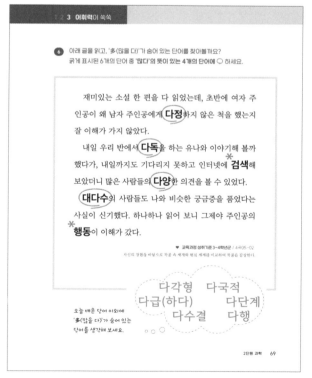

**\* 검색(檢索)**: 책이나 컴퓨터에서, 목적에 따라 필요한 자료들을 찾아내는 일.

**\* 행동(行動)**: 몸을 움직여 동작을 하거나 어떤 일을 함.

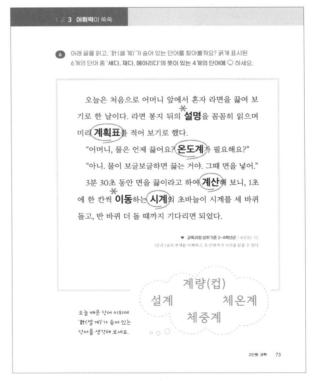

* **설명(說明):** 어떤 일이나 대상의 내용을 상대편이 잘 알 수 있도록 밝혀 말함. 또는 그런 말.

* **이동(移動):** 움직여 옮김. 또는 움직여 자리를 바꿈.

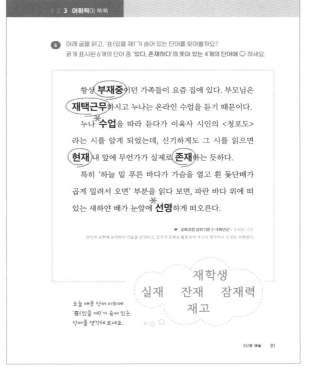

* **수업(授業)**: 교사가 학생에게 지식이나 기능을 가르쳐 줌. 또는 그런 일.

* **선명(鮮明)**: 산뜻하고 뚜렷하여 다른 것과 혼동되지 않음.

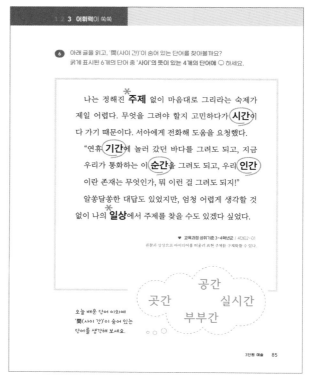

---

\* **주제(主題)**: 대화나 연구 따위에서 중심이 되는 문제. 예술 작품에서 지은이가 나타내고자 하는 주된 생각.

\* **일상(日常)**: 날마다 반복되는 생활.

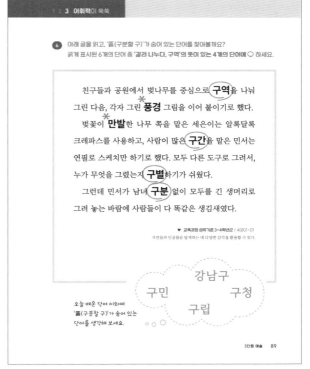

* **풍경(風景)**: 산이나 들, 강, 바다 따위의 자연이나 지역의 모습.

* **만발(滿發)**: 꽃이 활짝 다 핌.

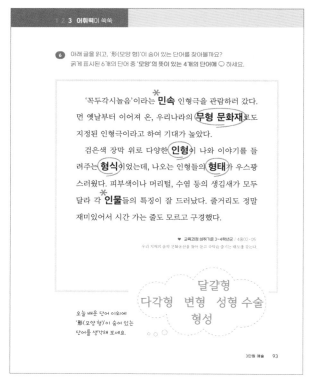

* **민속(民俗)**: 일반 백성들 사이의 풍속이나 문화.

* **인물(人物)**: 일정한 상황에서 어떤 역할을 하는 사람.

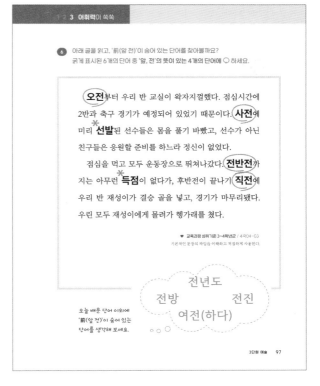

* **선발(選拔)**: 많은 가운데서 골라 뽑음.

* **득점(得點)**: 시험이나 경기 따위에서 점수를 얻음. 또는 그 점수.

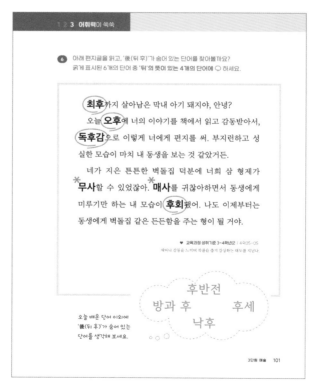

\* **무사(無事)**: 아무 탈 없이 편안함.

\* **매사(每事)**: 하나하나의 모든 일.

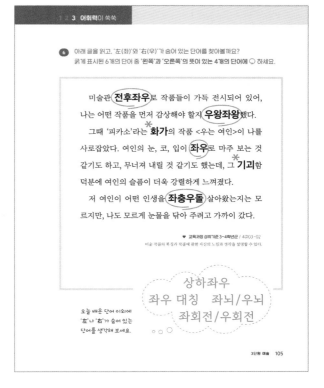

* **화가(畫家)**: 그림 그리는 것을 직업으로 하는 사람.
* **기괴(奇怪)(하다)**: 외관이나 분위기가 괴상하고 기이하다.

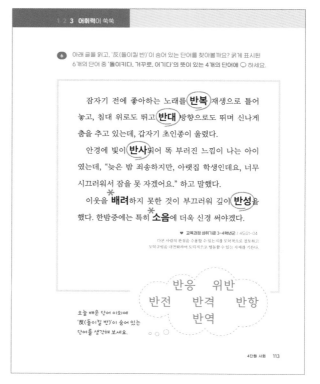

* **배려(配慮)**: 도와주거나 보살펴 주려고 마음을 씀.

* **소음(騷音)**: 불규칙하게 뒤섞여 불쾌하고 시끄러운 소리.

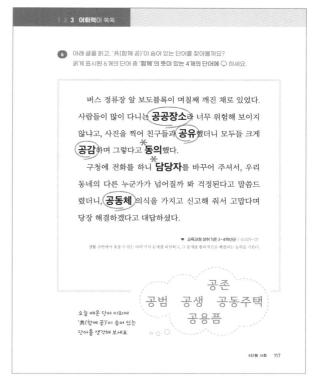

* **동의(同意):** 의사나 의견을 같이함.

* **담당자(擔當者):** 어떤 일을 맡아서 하는 사람.

정답 25

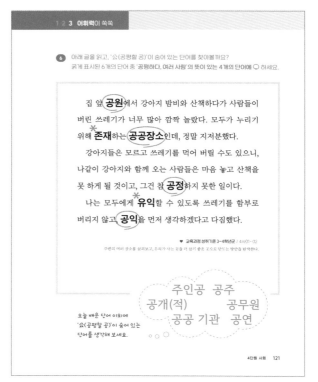

* **존재(存在)**: 현실에 실제로 있음. 또는 그런 대상.

* **유익(有益)**: 이롭거나 도움이 될 만한 것이 있음.

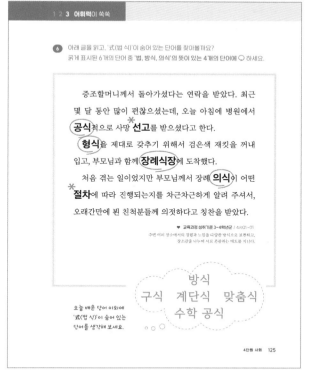

* **선고(宣告)**: 선언하여 널리 알림.

* **절차(節次)**: 일을 치르는 데 거쳐야 하는 순서나 방법.

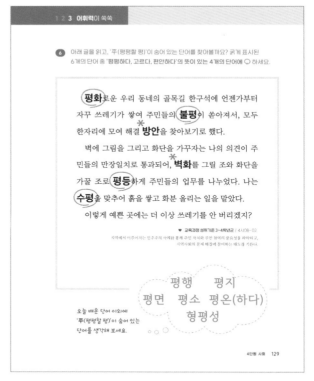

* **방안(方案)**: 일을 처리하거나 해결하여 나갈 방법이나 계획.

* **벽화(壁畫)**: 건물이나 동굴, 무덤 따위의 벽에 그린 그림.

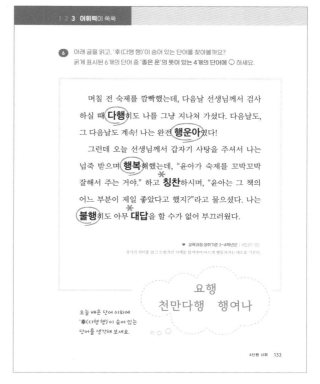

* **칭찬(稱讚):** 좋은 점이나 착하고 훌륭한 일을 높이 평가함. 또는 그런 말.

* **대답(對答):** 상대가 묻거나 요구하는 것에 대하여 해답이나 제 뜻을 말함. 또는 그런 말.

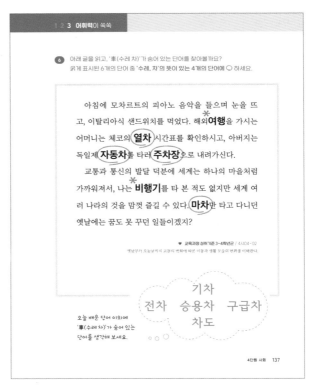

* **여행(旅行):** 일이나 유람을 목적으로 다른 고장이나 외국에 가는 일.

* **비행기(飛行機):** 사람이나 물건을 싣고 하늘을 날아다니는 탈것.

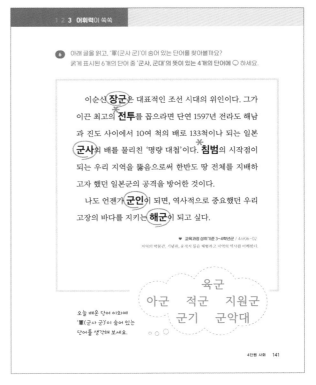

\* **전투(戰鬪)**: 두 편의 군대가 조직적으로 무장하여 싸움.

\* **침범(侵犯)**: 남의 땅이나 나라, 권리, 재산 등을 범하여 손해를 끼침.

| 名칭 | 명칭 | 학問 | 학문 |
|---|---|---|---|
| 별名 | 별명 | 병問안 | 병문안 |
| 풍向 | 풍향 | 美용실 | 미용실 |
| 하向세 | 하향세 | 美담 | 미담 |
| 同호회 | 동호회 | 長수 | 장수 |
| 同갑 | 동갑 | 長기 | 장기 |
| 통合 | 통합 | 장身구 | 장신구 |
| 合체 | 합체 | 변身 | 변신 |

| 內성적 | 내성적 | 空간 | 공간 |
|---|---|---|---|
| 실內화 | 실내화 | 직角 | 직각 |
| 보全 | 보전 | 삼角형 | 삼각형 |
| 全교생 | 전교생 | 사角형 | 사각형 |
| 半신욕 | 반신욕 | 과多 | 과다 |
| 半달 | 반달 | 대多수 | 대다수 |
| 항空기 | 항공기 | 통計 | 통계 |
| 空책 | 공책 | 온도計 | 온도계 |

| 내在 | 내재 | 기본形 | 기본형 |
|---|---|---|---|
| 在택근무 | 재택근무 | 인形 | 인형 |
| 間격 | 간격 | 前생 | 전생 |
| 기間 | 기간 | 직前 | 직전 |
| 區획 | 구획 | 後식 | 후식 |
| 區별 | 구별 | 오後 | 오후 |
| 區분 | 구분 | 左지右지 | 좌지우지 |
| 形태 | 형태 | 左右 | 좌우 |

| 反칙 | 반칙 | 平균 | 평균 |
|---|---|---|---|
| 反사 | 반사 | 불平 | 불평 |
| 共통점 | 공통점 | 幸운 | 행운 |
| 共감 | 공감 | 幸운아 | 행운아 |
| 公중전화 | 공중전화 | 소방車 | 소방차 |
| 公공장소 | 공공장소 | 자동車 | 자동차 |
| 결혼式 | 결혼식 | 공軍 | 공군 |
| 장례式장 | 장례식장 | 해軍 | 해군 |